大京

主编/段柄仁

U0964291

大运河与通州古城

郭炜 张利 王琦 陈长春/编著

北京出版集团公司
北 京 出 版 社

图书在版编目（CIP）数据

大运河与通州古城 / 张利等编著. — 北京 ：北京出版社，2018.10
（京华通览）
ISBN 978-7-200-13869-6

Ⅰ. ①大… Ⅱ. ①张… Ⅲ. ①大运河—介绍—北京②通州区—地方史 Ⅳ. ①K928.42②K291.3

中国版本图书馆CIP数据核字（2018）第017241号

出版人 曲 仲
策 划 安 东 于 虹
项目统筹 董拯民 孙 菁
责任编辑 于 虹 陈 平
封面设计 田 晗
版式设计 云伊若水
责任印制 燕雨萌

京华通览
大运河与通州古城
DAYUNHE YU TONGZHOU GUCHENG
郭炜 张利 王琦 陈长春 编著
*
北京出版集团公司
北京出版社 出版
（北京北三环中路6号）
邮政编码：100120
网 址：www.bph.com.cn
北京出版集团公司总发行
新华书店经销
天津画中画印刷有限公司印刷
*
880毫米×1230毫米 32开本 7印张 144千字
2018年10月第1版 2024年3月第4次印刷
ISBN 978-7-200-13869-6
定价：45.00元

序

PREFACE

擦亮北京"金名片"

段柄仁

北京是中华民族的一张"金名片"。"金"在何处？可以用四句话描述：历史悠久、山河壮美、文化璀璨、地位独特。

展开一点说，这个区域在70万年前就有远古人类生存聚集，是一处人类发祥之地。据考古发掘，在房山区周口店一带，出土远古居民的头盖骨，被定名为"北京人"。这个区域也是人类都市文明发育较早，影响广泛深远之地。据历史记载，早在3000年前，就形成了燕、蓟两个方国之都，之后又多次作为诸侯国都、割据势力之都；元代作为全国政治中心，修筑了雄伟壮丽、举世瞩目的元大都；明代以此为基础进行了改造重建，形成了今天北京城的大格局；清代仍以此为首都。北京作为大都会，其文明引领全国，影响世界，被国外专家称为“世界奇观”“在地球表面上，人类最伟大的个体工程”。

北京人文的久远历史，生生不息的发展，与其山河壮美、宜生宜长的自然环境紧密相连。她坐落在华北大平原北缘，“左环沧海，右拥太行，南襟河济，北枕居庸”“龙蟠虎踞，形势雄伟，南控江淮，北连朔漠”，是我国三大地理单元——华北大平原、东北大平原、内蒙古高原的交会之处，是南北通衢的纽带，东西连接的龙头，东北亚环渤海地区的中心。这块得天独厚的地域，不仅极具区位优势，而且环境宜人，气候温和，四季分明。在高山峻岭之下，有广阔的丘陵、缓坡和平川沃土，永定河、潮白河、拒马河、温榆河和蓟运河五大水系纵横交错，如血脉遍布大地，使其顺理成章地成为人类祖居、中华帝都、中华人民共和国首都。

这块风水宝地和久远的人文历史，催生并积聚了令人垂羡的灿烂文化。文物古迹星罗棋布，不少是人类文明的顶尖之作，已有 1000 余项被确定为文物保护单位。周口店遗址、明清皇宫、八达岭长城、天坛、颐和园、明清帝王陵和大运河被列入世界文化遗产名录，60 余项被列为全国重点文物保护单位，220 余项被列为市级文物保护单位，40 片历史文化街区，加上环绕城市核心区的大运河文化带、长城文化带、西山永定河文化带和诸多的历史建筑、名镇名村、非物质文化遗产，以及数万种留存至今的历史典籍、志鉴档册、文物文化资料，《红楼梦》、“京剧”等文学艺术明珠，早已成为传承历史文明、启迪人们智慧、滋养人们心灵的瑰宝。

中华人民共和国成立后，北京发生了深刻的变化。作为国家首都的独特地位，使这座古老的城市，成为全国现代化建设的领头雁。新的《北京城市总体规划（2016年—2035年）》的制定和中共中央、国务院的批复，确定了北京是全国政治中心、文化中心、国际交往中心、科技创新中心的性质和建设国际一流的和谐宜居之都的目标，大大增加了这张“金名片”的含金量。

伴随国际局势的深刻变化，世界经济重心已逐步向亚太地区转移，而亚太地区发展最快的是东北亚的环渤海地区、这块地区的京津冀地区，而北京正是这个地区的核心，建设以北京为核心的世界级城市群，已被列入实现“两个一百年”奋斗目标、中国梦的国家战略。这就又把北京推向了中国特色社会主义新时代谱写现代化新征程壮丽篇章的引领示范地位，也预示了这块热土必将更加辉煌的前景。

北京这张“金名片”，如何精心保护，细心擦拭，全面展示其风貌，尽力挖掘其能量，使之永续发展，永放光彩并更加明亮？这是摆在北京人面前的一项历史性使命，一项应自觉承担且不可替代的职责，需要做整体性、多方面的努力。但保护、擦拭、展示、挖掘的前提是对它的全面认识，只有认识，才会珍惜，才能热爱，才可能尽心尽力、尽职尽责，创造性完成这项释能放光的事业。而解决认识问题，必须做大量的基础文化建设和知识普及工作。近些年北京市有关部门在这方面做了大量工作，先后出版了《北京通史》（10卷本）、《北京百科全书》（20卷本），各类志书近900种，以及多种年鉴、专著和资料汇编，等等，为擦亮北京这张“金名片”做了可贵的基础性贡献。但是这些著述，大多是服务于专业单位、党政领导部门和教学科研人员。如何使其承载的知识进一步普及化、大众化，出版面向更大范围的群众的读物，是当前急需弥补的弱项。为此我们启动了“京华通览”系列丛书的编写，采取简约、通俗、方便阅读的方法，从有关北京历史文化的大量书籍资料中，特别是卷帙浩繁的地方志书中，精选当前广大群众需要的知识，尽可能满足北京人以及关注北京的国内外朋友进一步了解北京的历史与现状、性质与功能、特点与亮点的需求，以达到“知北京、爱北京，合力共建美好北京”的目的。

这套丛书的内容紧紧围绕北京是全国的政治、文化、国际交往和科技创新四个中心，涵盖北京的自然环境、经济、政治、文化、社会等各方面的知识，但重点是北京的深厚灿烂的文化。突出安排了“历史文化名城”“西山永定河文化带”“大运河文化带”“长城文化带”四个系列内容。资料大部分是取自新编北京志并进行压缩、修订、补充、改编。也有从已出版的北京历史文化读物中优选改编和针对一些重要内容弥补缺失而专门组织的创作。作品的作者大多是在北京志书编纂中捉刀实干的骨干人物和在北京史志领域著述颇丰的知名专家。尹钧科、谭烈飞、吴文涛、张宝章、郗志群、姚安、马建农、王之鸿等，都有作品奉献。从这个意义上说，这套丛书中，不少作品也可称“大家小书”。

总之，擦亮北京“金名片”，就是使蕴藏于文明古都丰富多彩的优秀历史文化活起来，使充满时代精神和首都特色的社会主义创新文化强起来，进一步展现其真善美，释放其精气神，提高其含金量。

2017 年 11 月

目录

CONTENTS

北京城市副中心：
通州建设的新格局

引　言

通州，位于北京城东南，南濒天津，地势雄亘广平，自古就是水路之要塞，京畿之重镇，向有“一京二卫三通州”之称。

通州历史悠久，早在新石器时代，境域内即有人类活动，当时城内北有夏谦泽，南为雍奴薮，湖沼河流密织。在秦之前为古渔阳郡辖属之地，西汉始设路县，东汉时期又取潞河之“潞”，易名为潞县。及至金代，海陵王视漕运之事为重，彼时潞河是漕运重要水路，遂取“漕运通济之意”，始有“通州”之称谓。后世朝代又数次易名，直至 1997 年，国务院批复设立通州区，“通州区”这一称谓沿用至今。

通州历史文化底蕴深厚，乃五民萃处，物华天择之地。通州古城内流淌着一条雄阔的古运河，灵动的运河水逶迤南流，滋润着这片沃土，使得通州古城更具神韵、更加流光溢彩。

古运河畔的文物景观唯美典雅，景致如诗。古老的燃灯佛塔巍峨傲立；昔日壮观的大光楼、钟鼓楼、文昌阁曾巍立于古城；又有古桥如虹，映于碧水……堪称京东壮丽美景。

通州运河沿岸的诸多街巷村镇因大运河而繁荣。司空分署街、外河沿、四员厅胡同、张家湾、后南仓、漷县、里二泗……大运河蜿蜒穿流于城垣街巷，沿岸村落与大运河相映生辉，宛若江南美景一般。

大运河亦促进了通州古城的商业繁荣发展。旧时，通州古运河上万帆云集，舟楫聚之，漕运繁碌，通郡经济欣欣向荣。清尹澍曾赋诗："天际沙明帆正悬，翩翩遥望影相连。漕艇贾舶如云集，万国梯航满潞川。"

通州古城蕴含着丰富的民俗文化，栩栩如生的面人汤面塑、精雕细琢的骨雕艺术精品、抑扬顿挫的大运河船工号子……每当伫立于古运河畔，注视大运河水汩汩南流，仿若耳畔响起了大运河上纤夫们吟唱的运河号子，悠扬的声韵中记忆着他们的艰辛与欢乐。

今日的通州，冠以副中心这一称谓，其雄踞平川富水之地，西仰京都帝师，东临河北诸镇，南接渤海津渡，北倚燕山余脉。卫星城内街巷毗连纵横，城中层楼雄峙，商号鳞次栉比，文物景观典雅，园圃百木茂盛，繁花织锦绣，馨香亦怡人。

今日的大运河更加宏阔壮观，大运河的美景装点着通州。运河两岸四季景色唯美怡人。春日的大运河百花初绽，芳草萌动；夏日的大运河清凉怡人，蓊郁滴翠；秋日的大运河波光粼粼，静谧唯美；冬日的大运河，肃穆中蕴含着灵动之美。每于瑞雪之日，踏雪游于古运河畔，玉尘飞絮漫天舞，晶莹的雪花飘落河面，此时的大运河如同一幅唯美的画卷，为冬日寒冷的通州平添了一道靓丽的景观。

大运河的水波润泽了通州城域，使通州古城更加美丽；大运河的漕运繁荣了通州经济，使通州古城的居民更加富裕；大运河沿岸的诸多文物景观，使通州古城更加富含文化底蕴。

大运河与首都相映生辉，与通州副中心相互依存，它已成为世界认可的中国文化符号。近期，北京市委工作报告中指出：加强北京三个文化带建设，即统筹规划长城文化带、西山永定河文化带、大运河文化带。通州区位于大运河文化带辖域，全面理解大运河文化带的丰富内涵，促进大运河区域建设，加强运河文化遗产保护，以高度的历史使命感推进大运河文化带建设，延续历史文脉，为首都发展注入独具魅力的文化内涵，进一步擦亮世界认可的国家文化符号。未来的北京将会更加繁荣昌盛，未来的通州新城将会更加绚丽多彩。

北京通州大运河的晨曦

运河故事

大运河自建成以后就在中国水利漕运史上占据了重要地位，从先秦至明清，从南至北，沟通了南北贸易的往来及货运交通。大运河及北京地区的漕运水系更是满足了北京地区上至宫廷，下至百姓的生活供给，为北京成为一国之都提供了物质保障。

京杭大运河历史悠久，全长 1700 多千米，是世界上最长的古代运河。大运河南起余杭（今杭州），流至涿郡（今北京），将海河、黄河、淮河、长江和钱塘江五大水系融为一体，是我国古代水利工程的杰作。

京杭大运河的开通沟通了中华民族生存发展的两条母亲河——长江和黄河的经济带，促进了经济的繁荣昌盛，同时也带动了运河沿岸地区文化的交流和发展，并逐渐形成了独特的运河文化。

大运河在 2014 年世界遗产大会上被正式列入世界遗产名录，成为中国第 46 个世界遗产项目。大运河申报的遗产项目分别遴选了各省市河段的典型河道及著名遗产点，涵盖了中国大运河河

大运河通州段

道遗产、大运河附属遗珍等。

首都北京是大运河的北端城市和漕运终点。大运河在北京地区绵延 80 余公里，蜿蜒曲流，跨越昌平、海淀、西城、东城、朝阳、通州六大区域，其沿线文物遗址分布密集、年代久远、类型丰盈。

通惠河与北运河交汇处

根据国家文物局编制的中国大运河申遗文本，北京市共有两处河道和两处遗产点入选此次申报名单。两处河道分别为通惠河北京旧城段，即西城区什刹海（包括前海、后海、西海）和东城区玉河故道（西起万宁桥，东至东不压桥），通惠河通州段（西起永通桥，东至通州通惠河与北运河交叉口）。两处遗产点分别为西城区澄清上闸（万宁桥）和东城区澄清中闸（东不压桥）。

大运河及相关漕运水系的出现和发展对通州乃至北京城市的经济繁荣都起到了重要作用。

运河历史：大运河简史

大运河经历了数朝的时空更替和历史变迁，肇始于春秋时期，延展于秦汉，形成于隋代，发展于唐宋，贯通于元代，疏浚于明清。

春秋战国时期：大运河肇始

春秋战国是人工运河开凿的高潮时期。比如：水源丰富的楚国，水路是其交通要道。楚庄王时命孙叔敖于郢都境内开凿了连接江汉之间的运河。后又开通了史称“鸿沟江淮”的巢淝运河，淝水流经巢湖，沟通了长江、淮河。此外，楚国离湖畔（今湖北省潜江市）有豪华的离宫及章华台，为了运送物资至此曾开通章华台运渎。

春秋战国时期开凿的具有代表意义的一条运河乃是为了军事之需，由吴王夫差主持挖掘的邗沟，邗沟成了连接长江与淮河的运河，是我国历史

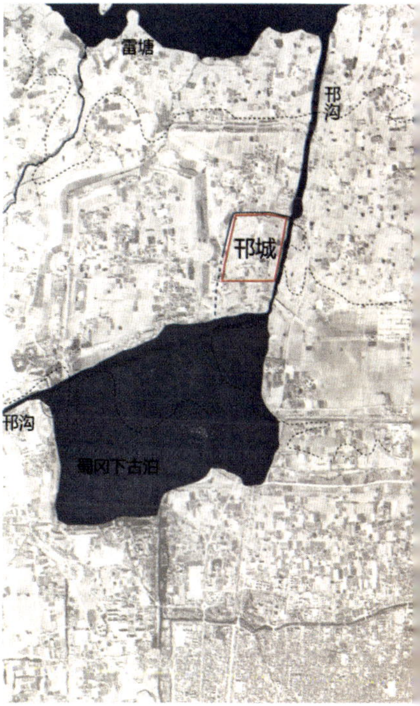

邗城及邗沟示意图

上第一条有明确记载的人工运河。

《尚书地理今释》记载："按禹时江淮本不相通，自春秋时吴伐齐于广陵城东南，筑邗城，城下掘深沟，谓之邗江。东北通射阳湖，而北至末口入淮。此沟通江淮之故道也。今扬州府属淮安府山阳县。"邗沟称法不一，《左传》中称其为"韩江"，《汉书·地理志》称"渠水"，《水经注》中又称"渎水"等。后世因其修筑于邗城下，故称之为邗沟。

秦汉时期：大运河雏形

秦始皇统一中国后，开凿了灵渠。灵渠分湘水一支西流，经今兴安溶江注入大荣江，沟通湘水、漓水，使长江水系与珠江水系相连。与此同时，又开凿了徒阳水道，改建了太湖流域，为后世江南运河的形成奠定了基础。

两汉时期是我国水运建设方面的拓展时期。西汉时开掘了主要用于漕运的河道——漕渠。漕渠始开于公元前 129 年，汉武帝御用水利专家徐伯负责设计漕运路线。《史记·河渠书》记载："令齐人水工徐伯表，悉发卒数万人穿漕渠，三岁贯通。"漕渠与渭河平行，使潼关到长安的水路运输时间大量缩短。东汉时为了有效地治理黄河水患，疏浚了河道，对邗沟进行了改建。《水经注·淮水》中提及"中渎水自广陵北出武广湖东、陆阳湖西，二湖东西相直五里，北出其间……"此处"渎水"即邗沟。这次对邗沟的改建，取直了航道，缩短了路程，使邗沟成为南北走向的运河。

三国时期：大运河新篇

三国时期，战乱不断，各个政权在自己势力范围内开凿了一些区域性运河。开凿最多的是魏国，曹操为军事之需，先后开通了白沟、平虏渠、泉州渠和新河运河，运河由此开始向黄河以北延扩。曹军的粮船可从黄河北岸溯白沟、清河进入滹沱河，又循潞河、鲍丘水到达幽州（今北京市）。曹操开凿的运河沟通了黄河、海河、滦河流域，开创了大运河的新篇，成为京津地区大运河的早期雏形。

隋朝时期：大运河形成

隋朝在我国运河开凿史上是十分重要的时代。隋炀帝时期，是隋朝开凿运河的主要集中期。其从 605 年到 610 年先后完成四处大运河道的开凿——黄河与淮河之间的通济渠、淮河与长江之间的山阳渎、京口至余杭间的江南运河、海河到黄河的永济渠。永济渠的开通，连通其他运河，不仅沟通了长江、淮河、黄河和海河，而且船只沿运河可直达涿郡（今北京），是我国运河史上的一大壮举。《资治通鉴》记载："大业四年正月，诏发河北诸军百余万开永济渠，引沁水南达于河，北通涿郡。"自此，南北大运河贯通相连，它改变了隋朝以前区间运河的局面，把中原地区、江淮地区与河北地区及北京地区紧密地联系起来。

隋朝开通的大运河为唐朝的繁荣发展起到了巨大的作用。晚唐皮日休在《汴河铭》中提到:“在隋之民,不胜其害也;在唐之民,不胜其利也。”

唐宋时期：大运河发展

唐朝时期，对运河的贡献主要是改建和疏浚，延长了关中广通渠，改邗沟水源，整治江南河等。另一贡献是运河漕运方面，为后世积累了丰富的经验。

五代时期战火纷飞，对于运河的治理疏浚，主要用于运兵送粮。后周、后唐时期，疏浚索水，增加汴渠水源；新开东南河；治理汴河，方便军事及京师漕运。五代时的汴河，就是隋朝的通济渠、唐代的汴渠。另外开辟邗沟入淮通道，后周世宗为了北征契丹，亦整治了永济渠。

北宋时期加强了对汴河的治理和漕运管理。引洛河水入汴河，解决了汴河以黄河水为源的泥沙淤积问题。南宋时期，都城迁至临安（今杭州），长江三角洲成为京畿要地，于是加强了对江南运河的治理。治理工程分为三段：北段从润州到常州，采取了建水闸和引河济水的方法；中段治理，即对苏州到秀州河段的疏浚；南段指秀州到杭州，时任杭州刺史的苏轼曾大力治理过杭州水运，改善了河道，方便了漕运出行并促进了宋朝的发展。

元朝时期：大运河贯通

元朝实现了京杭大运河的贯通。重开金口运河，为营造元大都需要的大量木材和石材的运输提供了便利，也方便了漕运和农田灌溉。但是金口河的开通，难以满足从通州到大都的繁忙运输。于是郭守敬向元世祖建议引玉泉山之水通舟，修建坝河。坝河起自大都城西北部的光熙门，沿今德胜门、安定门外护城河东行至和平里南口，向东北流入通州温榆河。

元朝时，由于济州河与会通河开通后，江南北上之漕船，经江南运河、扬州运河、泗水、济州河、会通河、御河、潞河后到达通州。通州作为元大都的东大门，其到大都的水路较少，转运漕货较为困难，郭守敬又建议修筑通惠河。于是，至元二十九年（1292）开凿通惠河，次年秋天竣工。

明朝时期：大运河疏治

及至明朝，明太祖朱元璋在应天府（今江苏省南京市）称帝。为了方便京师的漕运，开通了胭脂河，并且疏浚了胥溪运河。明成祖朱棣迁都至北京后，北京成了明朝的政治、军事中心。于是，大运河对明王朝的巩固和发展就起到了重要的作用。鉴于此，明政府对大运河进行了非常有效的治理，加强了对大运河的疏通与维护，方便了与江南经济中心的往来。此时，在宋礼和白英的统领下，重开会通河。于是，南起杭州，由江南运河、淮扬诸湖、黄河、会通河、卫河、白河、大通河连接而成的北京到杭州的京杭大运河漕运贯通。同时，为了便于漕运，又治理了淮扬运河、开凿了白塔河及南阳新河。

清朝时期：大运河衰落

清朝统治时期，定都在北京，物资主要依靠运河南运而来。因此，清朝前期对运河的治理不遗余力。康熙时杰出的水利专家靳辅主持开凿中运河，中运河开通后，解决了元明以来京杭大运河借道黄河引发的不便，京杭大运河最后定形。康熙、雍正和乾隆时期还治理了黄淮运河交汇处——清口。《清史稿》的《河渠志·运河》言及："由是治河、导淮、济运三策群萃于淮安、清口一隅……盖清口一隅，意在蓄清敌黄，然淮强固可刷黄，而过胜则运堤莫保；淮弱未由济运，黄流又有倒灌之虞。"这段文字清楚地说明了治理清口的必要性。

清朝中后期，国力衰弱，且黄河多次决口，淤塞河道。漕运随着海运和陆路运输的发展亦受影响。清嘉庆时期，河患日益加大，至清同治年间，漕粮改以海运，仅使用少量的运河漕运。清光绪二十七年（1901），漕粮全部改折，即税粮由银两代替，大运河漕运功能渐渐衰落。

北运河通州段起点

近现代时期：大运河新生

民国时期，对大运河进行了小规模的整修。民国初年，修建邵伯船闸、高邮船闸、淮阴船闸等。民国七年(1918),改建南运河，并多次浚深运河，修筑堤坝。

及至现代，国家依然加强对通惠河、北运河、南运河的治理和维护，主要包括加固堤坝、景观建设、文化遗产保护等。因为这些文化景观记录了大运河的辉煌历史，对它们的维护和建设也开启了大运河的新生。

运河水系：北京段运河相关水系及河道开浚

从三国时期至清朝末期，大运河处在不断的变化演进中，各个朝代的水系网络亦有所不同。形成大运河水系的河流有自然河流，亦有各朝代为军事及漕粮物资运输而开凿的人工河流。

北京地区最早见于记载的人工运河有曹魏时期的平虏渠、泉州渠、车箱渠。及至隋朝开通了永济渠，将地方性区间运河连接，首次将南北大运河开凿贯通，直达涿郡。唐代对大运河进行了治理疏浚，但主要集中在天津以南的区域，北京地区仍沿用隋朝开通的永济渠部分。五代时期，后唐明宗年间，在蓟城（今北京）东南开凿东南河，方便了当时幽州的水上交通。宋代，史书中鲜少记载对于北京段运河的开凿与治理。到了辽代，开凿了一条流经通州和朝阳的运粮河，即萧太后运粮河。金代，相继开凿了金口河与闸河（通济河），以方便京都的漕运。元朝实现了京

通州段运河图

杭大运河的全线贯通，都水监郭守敬开凿的通惠河连通了北京城与京杭大运河的漕运水道。元朝首都定在北京，为了大都的日常供给，几乎每年都要对大运河进行治理修浚。明朝时期，通惠河口由通州城南转向通州北关附近，明朝的大运河水系与元朝大体相似，即白河汇温榆河等水流，转而南向沿通惠河直抵京都。

可见，为了便于漕粮货物的运输，诸多朝代加强运河疏浚、开凿河道，大运河水系处在不断的变化与完善中。元明时期，政治中心主要在北京，北京段的大运河漕运功能更为多样，大运河水系更为发达。清朝前期,对大运河进行整治,通惠河道有所变化。清末之后，大运河漕运功能逐渐衰落，民国初年，船舶绝迹。

三国时期

三国时期的河流水系包括平虏渠、泉州渠、车箱渠和潞水。平虏渠形成于东汉末年，曹操为了军事战争及军粮运输之需，命董昭去河北一带开凿运河。《三国志》记载:“建安十一年(206)……辽西单于蹋顿尤强，为绍所厚，公将征之，凿渠，自呼沲入泒水，名平虏渠。”平虏渠源自平虏城（今河北青县西南木门店），向南接呼沲水（今河北省滹沱河），向北接通泒水（今河北省定州一带的大沙河）。汉代泒水自今河北阜平东流，过今定州南境、安平县北隅，又折返而北过高阳县东部，流至今天津武清区境内入潞河（今北运河）下游笥沟（今港沟河）。

那么笥沟历史可以追溯到东汉，此时笥沟为古沽水故道，及至三国魏时利用今通州区张家湾以下河道转运粮草物资，此处称为“笥沟”。辽代时候转运物资，首先进入白龙港河，后入笥沟至张家湾，再溯萧太后河流转，漕船驶入蓟城，于是易“笥沟”为港沟河。

平虏渠入沽水之后，距塞上依然遥远，曹操又于此处继续向北开凿运河。于是，又命董昭在平虏渠北面开凿了泉州渠。泉州渠的河道流向是经泉州向北延伸，经雍奴县东部，北上入鲍丘水，即起始于今天津，后北流，经武清区东境，宝坻区西南境，至河北省香河县东境，到达北京市通州区东南隅，其中从香河县东境至通州东南隅一段为人工开凿。《水经注》中记载：“沟水又南入鲍丘水。鲍丘水又东合泉州渠口，故渎上承滹沱水于泉州县，故以泉州为名。北迳泉州县东，又北迳雍奴县东，西去雍奴故城百二十里。自滹沱北入其下，历水泽百八十里入鲍丘河，谓之泉州口。”可见，沟水、滹沱、潞水之间的关联，是借助于泉州渠、平虏渠的相继沟通，从而形成了曹魏时期从南向北转运军粮的运河系统。

及至魏帝曹芳嘉平年间，征北将军刘靖出镇蓟城，大兴水利工程，修筑了车箱渠，用于灌溉和运输。车箱渠东西走向，西起㶟水（今永定河）上的戾陵堰，东至通州潞河。《三国志·刘馥传附刘靖事迹》记载：“……靖以为经常之大法，莫善于守防，使民、夷有别，遂开拓边守，屯据险要。又修戾陵渠于大堨，水溉灌蓟城南北，三更种稻，边民利之。”刘靖兴修的戾陵渠即指水利工程车箱渠和堰坝，因其源位于梁山戾陵下，时称戾陵堰。

刘靖主持兴修水利的原因及过程可见于《水经注》："鲍丘水入潞，通得潞河之称矣。高梁水注之，水首受㶟水于戾陵堰。水北有梁山，山有燕刺王旦之陵，故以戾陵名堰。水自堰枝分，东迳梁山南，又东北迳刘靖碑北。其词云：魏使持节都督河北道诸军事、征北将军、建城乡侯、沛国刘靖，字文恭，登梁山以观源流，相㶟水以度形势，嘉武安之通渠，羡秦民之殷富，乃使帐下丁鸿督军士千人，以嘉平二年，立遏于水，导高梁河，造戾陵遏，开车箱渠……"

上述《水经注》中言及"高梁水注之"。此处高梁水，即三国魏征北将军刘靖"遏于水（㶟水），导高梁河"的高梁河，指自石景山南导水东接高梁水上源，又自今德胜门外分流东向至今通州东注入潞河。此处潞河即现在的北运河，指自通州至天津的一段河道，北京段自通州北关拦河闸，东南流向西集镇牛牧屯而出北京界。曹魏时期曹操为了军事之需，曾利用潞水转运军资，从而东征乌桓。可见潞河在曹魏时期就已经起到重要的水路运输作用。

泉州渠、戾陵堰成为京津地区运河的早期雏形，使㶟水和潞水在蓟城相连，漕运得以开通，也方便了蓟城（今北京）地区的农业生产。

隋唐时期

隋唐时期北京段运河相关水系包括潞水、清泉水（今凉水河一线）及隋代开凿的永济渠。

在隋唐时期，清泉水（今凉水河一线）上游为高梁水，因水质清澈，初名清泉河。郦道元曾引俗谚释清泉河："清泉河上承桑干河，东流与潞河合。湿水东入渔阳，所在枝分。故俗谚云：高梁无上源，清泉无下尾。盖以高梁微涓浅薄，裁足津通，凭借涓流方成川甽。清泉至潞，所在枝分。更为微津，散漫难寻故也。"

隋炀帝大业四年（608）在黄河以北开凿永济渠，此渠自今河南武陟县至涿郡。宋以后通称御河，今称卫河。明朝周梦旸编撰的《水部备考》中记载："沁水一支，自武陟小原村东北，由红荆口经卫辉府，凡六十里，入卫河。昔隋炀帝引沁水北通涿郡，盖即此地也。"

在黄河口上端东岸开渠引沁水东流，又有河南境内的清水、淇水等河流汇入，流入曹操所开白沟，又入清河（今卫河），利用曹操开凿的平虏渠转向东北，溯潞河（今北运河）北上，至天津武清区汇入桑干河（今永定河），再向西北流淌，抵达涿郡蓟城（今北京）。永济渠水道大致分为三段：第一段利用沁水支流，其起止为今河南武陟沁水东岸至汲县；第二段利用清水连接淇水、屯氏河、清河，其起止为汲县至今天津，自今河南淇水口至河北境域的一段利用了曹操开凿的白沟，从河北青县至今静海一段，利用了曹操当年所开平虏渠故道；第三段利用了桑干河（今永定河），起止为今天津静海独流镇至涿郡蓟城。这一段在北京地区的走向是：在天津流入北运河，又沿凉水河至堠上村北进入通州区，及至高古庄西域，又流至马驹桥，向西北到达北京。

开凿永济渠时，隋朝亦疏通治理了潞水（今北运河）河道，从而便于漕船运输。唐代，定都长安后，对于运河水系的疏浚主要集中在天津以南地区，北京地区仍沿用隋代的永济渠进行水路运输。

通州漕运停止后，永济渠遗址尚存，位于通州台湖、马驹桥、永乐店、于家务镇域内，西北自台湖镇高古庄凉水河，东南蜿蜒至于家务镇凤港河，在永乐店镇半截河村残存部分河道。

五代时期

五代时的永济渠上游渠道至涿郡淤塞，难以通航，虽曾利用潞水对永济渠蒙村至天津段进行疏通，但后唐明宗长兴年间，河流改道，永济渠至天津后难于北行。幽州节度使赵德钧从军事及经济需要考虑，在蓟城东南方向开东南河。《旧五代史》中记载：“幽州赵德钧奏:新开东南河，自王马口至淤口，长一百六十五里，阔六十五步，深一丈二尺，以通漕运，舟胜千石。”东南河是疏通改造桑干河的多条河道而成的，南接拒马河，北近桑干河一支，由河北出发的运粮船，沿永济渠至天津独流镇，向西北入拒马河，溯流西上到淤口境域，利用新开的东南河经永清县东境至王马口入桑干河一支，转向西北至北京。

时人给赵德钧开凿的这条东南河冠以“永济渠”“永济河”之称，足见其在当时的重要地位。实际上，赵德钧开凿的这条东南河与隋朝时开凿的永济渠北端河道已大相径庭。

张家湾镇萧太后运粮河

辽金时期

辽金时期北京大运河相关水系包括莲花池水系、高梁河支流等，为了方便物资运往京都，辽金时期开凿了几条新的水系河流，即萧太后运粮河、金口河、金闸河。

辽代开凿了萧太后运粮河。当时，辽、宋长期对峙，辽南京城（今北京）作为军事重地，又是辽“五京”之一。皇族及大量驻军经常至此，物资供给匮乏，辽需要从内蒙古、山西等地将大批物资运到南京城，陆路交通诸多不便，于是开凿了萧太后运粮河。

萧太后运粮河全长约30公里，起点为辽南京城的东门（即迎春门，在原宣武区一带），然后蜿蜒南流，至陶然亭之后东流，

辽代通州延芳淀

汇入龙潭湖，出龙潭湖后流经十里河村，此段距离恰好约10里，十里河由此得名。过十里河村后，河水向东南流淌，途经老君堂村、西直河等村落，进入今通州区的胡家垡（古称胡家筏）、台湖等处，在张家湾与北运河相接。当年辽国的粮船沿水路，由东京辽阳府（今辽宁辽阳）漕运至北塘海口（今天津市宁河区境内），到达白龙港河，又溯七里海（今天津市宝坻区境内）逆流而上，沿大龙湾河和小龙湾河前行，于河北省香河县西南进入白河（潞河），然后继续向西北逆流几十里到达潞县（今通州）南的张家湾，在此转入萧太后运粮河，然后转运至辽南京城。清人震钧在《天咫偶闻》中言及萧太后运粮河："八里庄之西二里，有河名十里河，又名萧太后运粮河。东岸有土城，湮都宛然，土人名萧太后城。考其地，即金代都城之西面，门即灏华门也。金城方七十里，每面相距十八里。而其内城则在今广渠门外，以地度之，正相合。盖土人不知有辽金元，而但知有萧太后，故举归之焉。"

萧太后运粮河除了漕运物资之外，亦是一条风景优美的景观带。张家湾附近的延芳淀湿地，泉水波动，蒲草茂盛，芦苇在风中摆动，似江南水乡美景呈现眼帘。辽国帝王后妃、达官贵人们长期居于草原，鲜见如此美景。于是纷至沓来，沿萧太后运粮河东行，驻足欣赏两岸美景。

萧太后运粮河水源丰沛，其上源是莲花池水系及高梁河南支。莲花池水系亦是辽南京城的水系，其有玉渊潭、莲花池、洗马沟（今永定河的一支）的水源供给。自蓟城西北的洗马沟，进入今海淀区玉渊潭，之后南转，注入护城河，萧太后运粮河抵达迎春门后，即与辽南京城的护城河相接。《水经注》中曾记载：“洗马沟……水上承蓟水，西注大湖，湖有二源，水俱出县西北平地，导泉流结西湖。湖东西二里，南北三里，盖燕之旧池也。绿水澄澹，川亭望远，亦为游瞩之胜所也。湖水东流为洗马沟，侧城南门东注。”这里记述的就是如今的莲花池和莲花河，莲花池水系亦源于此。

另一支水源是高梁河南支，萧太后运粮河流至龙潭湖时，将源于西山诸泉与海淀平地泉而东南流经此处的高梁河南支汇入，其沿线分布的众多湖泊、沼泽湿地均被利用。源于西山海淀区域的古高梁河南支，穿过高梁桥，流经积水潭、什刹海、北海、中南海，至今人民大会堂西边的石碑胡同，兵部洼胡同，沿前门西域的后河沿向东流，溯天坛北的东晓市街、体育馆西路、龙潭湖，出左安门，在十里河处与萧太后运粮河毗连。之后，又经大洋坊沟（今埋于朝阳区十里河村金河路地下）向十八里店、大洋坊、南双桥、海户屯，至通州马驹桥北汇入浑河（今凉水河），这条河是古高梁河南支，亦是古永定河的故道之一。

凉水河也曾是辽金两代重要的城市供水河道。当时的凉水河于今通州张家湾处入潞水，河道形成。凉水河源于丰台区后泥洼村，流经丰台区、大兴区、通州区。凉水河流经诸多村落，自马驹桥入通州界，东流至驰名中外之运河码头张家湾，纳萧太后运粮河之水，经靓庄、南阳，至苏庄南部汇入北运河，是北运河一条主要支流。

金海陵王贞元年间，将政治中心迁至燕京（今北京），改名中都，曾利用莲花池水系和高梁河水系进行都城营建。

金中都城在扩建过程中，为解决护城河与城内宫苑的水源问题，引洗马沟水入中都城，流贯皇城西部，通称为莲花河。莲花河在皇城玉华门（辽显西门）北侧分为两支，一支沿皇城西墙外向东南，另一支流入皇城西墙内苑，金代利用此水域建造了风景瑰丽的同乐园及太液池，又于太液池南端分出一支清流东入宫城西隅，于此处，利用莲花池水营建了极为华美的琼林苑及瑶池，后又易名为鱼藻池，亦称西华潭（今广安门外青年湖）。郝经曾赋诗描绘这里的风景："晴日明华构，繁荫荡绿波，蓬邱沧海近，春色上林多。"可见，莲花池水系不仅是金中都城的重要水源，也为中都城营造了优美的环境。金代也利用高梁河水系建造行宫别苑，开发了白莲潭，修筑了大宁宫，并且在金中都城西北玉渊潭附近修筑了钓鱼台。远在西山脚下的风景胜地也被金朝皇帝开辟为行宫别墅，诸如白莲潭畔万宁宫、香山行宫、玉泉山行宫等。金章宗时期，京西名胜八大水院的金水院，建在玉泉山下诸多水源流至的金山（今万寿山），下汇为金湖（又称瓮山泊，今昆明湖）。

金中都城基本建成后，城中日常物资供给成首要问题。当时，金代统治囊括了淮河、秦岭以北区域，每年将淮北、河北、山东的粮食转运至中都。所循路径，溯黄河旧道及汴河、漳水、卫水、滹沱、大清诸河，汇集到"信安海堧"（今天津海口附近），经潞水（今北运河）逆流而上至通州，再转运至中都城。从通州至中都，路途不远，却颇费周折。

为了便于金中都的物资供给，金代开凿了金口河及闸河（又称通济河）。金口河开凿于金大定年间，水源是金口以西孟家山（今麻峪村）附近的卢沟水，在此开凿引水口并建闸，又开渠道至金口，卢沟水顺渠一路向东经今北辛安村南境、古城北隅，又折至东北，流经杨家庄村南，屈曲向东，经粪村、田村南境、老山、梁公庵北境，再向东经铁家坟北、篱笆店南、甄家坟北、定慧寺南，抵达今玉渊潭，后东流至木樨地东南入金中都北护城河，由北护城河向东，经宣武门内受水河胡同、旧帘子胡同、人民大会堂南、国家博物馆南、台基厂、北京站南部，蜿蜒曲折，最后东至通州入北运河。

金口河开通后，因卢沟河水常常泛滥成灾，不便漕运船行，后将其堵塞。为方便漕运，金统治者又开凿了闸河，赐名通济河。闸河路线自金中都城护城壕、经旧帘子胡同、人民大会堂、国家博物馆、台基厂三条、同仁医院、北京站南，曲折东流至通州。闸河开通后，调节了高梁河、白莲潭（今什刹海、北海、中海等）等水域，用以漕运山东、河北的粮食谷物。粮船循潞水下游河道逆流而行，北至通州，漕船进入闸河，沿闸河水道运至中都。《金史·河渠志》记载："金迁都于燕，东去潞水五十里，故为闸以节高梁河、白莲潭诸水，以通山东、河北之粟。"由于金代漕运水路经过潞县（今通州），此处便成为漕粮枢纽。旧时，金朝曾利用潞水运输汴京百物至潞县，自此潞水（今北运河）成为金中都稳定繁荣的漕河。之后，完颜亮升潞县为州，命名通州。

金代统治者为了增加闸河水源，开掘了海淀以南的一片区域，由今紫竹院向西北开凿河道，穿过海淀区域，与玉泉山之水相接，将玉泉之水引入瓮山泊（今昆明湖），之后于此处开凿了从瓮山泊至高梁河的河道，西山水得以汇入白莲潭，白莲潭成为闸河蓄水之源。白莲潭在西汉以前属于永定河故道的一段。后来永定河河道南移，其上游成为高梁河的源头，下游淤积成湖。辽、金时期，白莲潭一带有大规模的水利工程。金代曾对这里加以疏浚治理，使之成为一个整体，称它为“白莲潭”。白莲潭自高梁桥往下游，包括今日太平湖、积水潭、什刹海、北海和中海（后有南海）在内，构成一个宽广湖泊。

通州区境内的金闸河故道位于今通州永顺地域，西起永通桥（八里桥），东至新通济桥（卧虎桥）。在今通州西海子公园葫芦湖东岸，金代曾建有河门闸。西海子公园葫芦湖因湖面形状旧称

大通桥处的通惠河

葫芦头。此处乃金代闸河末端，时淮河漕船自卫河入潞水，泊船至葫芦头，进行漕粮验收，然后沿闸河运至金中都。

元明时期

元朝北京段运河水系较为发达。白河（即潞河）于通州城北附近与温榆河、坝河汇合，自通州城东流向东南，直至张家湾，又与通惠河、萧太后河及浑河（今永定河支流）三条河汇合后，继续南流。明朝通州城附近运河水系格局与元朝大体相同，只是通惠河的起点从通州区高丽庄改为通州北关闸口附近，终点码头由积水潭改在了大通桥下。

元朝统治者在运河开浚方面与明朝相比多有建树，相继开凿了金口新河、坝河、通惠河等。

元初，元世祖忽必烈采纳谋臣刘秉忠的建议，定都燕京（今北京），称大都。为了便于将漕运物资转运至大都，需要开通大都至通州的河道，于是元世祖委任都水监郭守敬重开金口新河。《元史·郭守敬传》记载“金时，自燕京之西麻峪村，分引卢沟一支东流，穿西山而出，是谓金口。其水自金口以东燕京以北，灌田若干顷，其利不可胜计。兵兴以来，典守者惧有所失，因以大石塞之。今若按视故迹，使水得通流，上可以致西山之利，下可以广京畿之漕”。

金口新河的取水口从金口河的麻峪村上移到三家店，自三家店分水入金口河，流至通州区董村，北折东南，流经今通州台湖镇东石村，又下至次渠村、麦庄村后于新河村入今凉水河，最后到张家湾村东汇入潞河（今北运河），称金口新河。据《北平图经志书》记载："金口在城西南三十五里东麻峪。金大定十二年（1172）始凿孟家山口，分引浑河水以通漕、溉之利……元至正二年（1342）重兴工役，自三家店分水，入金口，下至李二泗，通长一百三十里，合入白潞河。"

金口新河开通后，通州至大都的漕运十分繁忙，仅金口新河一条运输河道难以满足大量物资运输，后又因上游河水泛滥成灾，金口新河停用。由此，郭守敬建议引玉泉水行舟，修筑坝河，坝河最早的名称是阜通河。此河于至元十六年（1279）开通，据《元史·王思诚传》记载"该年（至元十六年）开坝河，设坝夫户八千三百七十有七、车户五千七十、出车三百九十辆、船户九百五十、出船一百九十艘"。坝河水源是大都城西北部的积水潭。

通惠河图（清弘旿绘《都畿水利图卷》局部）

坝河水自积水潭汇入德胜门、安定门外护城河东流，至和平里南口再向东北注流，行至通州北部入温榆河。坝河修好后，曾一度为京城漕运起过重大作用，为舟船漕运提供了便利，缓解了通州至朝阳门陆地运输的劳苦状况。之后由于玉泉山水域水量减少及河道管理等原因，导致坝河这条人工运河在明朝以后逐渐成为京城东郊一带的旱河沟，枯水干涸、大雨成涝。

由于金口新河与坝河无法满足大都漕运需求。郭守敬又主持开凿了通惠河。他引白浮泉水，西流至西山麓，转向流入瓮山泊（今昆明湖）。然后从瓮山泊东南流入玉河，从北侧汇入城内积水潭区域，再由积水潭东南流出文明门（大都城南左门），东折至通州高丽庄（今高力庄）、李二寺（今里二泗）一带入白河，以连接南来的大运河。通惠河全线贯通，元世祖忽必烈看到漕运开通，积水潭水面“舻舳蔽水”，遂将此河道赐名“通惠河”。从白浮泉到瓮山泊的这段新的人工河，当时称为“白浮堰”。通惠河中游河段曾利用金闸河等遗道，地理位置大约在八里桥之西，转向张家湾入潞河。白浮堰导流白浮泉之水下注，为积水潭提供了丰富的水源。元政府利用数千艘运河漕船，每天川流不息地把来自江南的漕粮运到大都积水潭码头。通惠河中游河段曾利用金闸河等遗道，地理位置大约在八里桥之西，转向张家湾入潞河。

通惠河的开通，使江浙漕粮物资经江南河、扬州运河、淮河、黄河、泗水、济州河、会通河、御河、白河从直沽北上至北京通州李二寺河口，再转至通惠河，直达大都城。通惠河贯通了京杭大运河至大都城的漕运水道，不仅解决了漕船运粮问题，而且还促进了南北经济交流，繁荣了大都城的经济。

通州区境内的元朝通惠河故道今尚存，其遗址位于今张家湾、梨园二镇境界。张家湾镇内古河道显见，由土桥村至张家湾河段，南北方向，今称玉带河。梨园镇内曾留存一条古沟，形似东西向条形洼地。

元明时期，温榆河水系是北运河的主要源流。温榆河历史久远，据《后汉书·王霸传》记载“又陈委输可从温水漕，以省陆转输之劳，事宜施行”。这里提到的“温水”即连接蓟县与上谷郡的温榆河。元朝都水监罗璧为拓宽漕运河道，曾治理温榆河。郭守敬又曾引水济漕，他勘察发现温榆河水系上游，北山和西山地带有白浮泉等众多泉流散布，遂向忽必烈提出从温榆河诸泉中引水济漕计划，解决了大都城的运粮供水。

潞河是通州城内南北漕运的必经之路，元朝的潞河分为两路。东路即今南刘各庄、卜落垡、太子府、西集、大灰店等村落，其连接坝河水系，漕船顺坝河直抵大都。西路即小圣庙、北马头、皇木厂、张家湾、西定福庄、里二泗、漷县等村落，漕船至张家湾，再经通惠河即可到大都。明朝时，弃潞河东路，漕运物资均沿潞河西路进行运输。

及至明朝，通州城附近运河水系格局变化不大，只是通惠河河道稍有变化，且易名为大通河。永乐年间，因改建城池，拓北京南城，将通惠河皇城外侧一段划入城内。宣德年间，明宣宗朱瞻基厌皇城门外通惠河距城东墙太近，喧嚣之声响彻皇城内外，于是命工部将皇城东墙外移，把通惠河在城内的重要河段圈入皇

明代通惠河的终点——大通桥

城之内，船只不再入城，运粮船只能停在东便门外大通桥下。通惠河终点码头从积水潭移至了大通桥。

明朝通惠河在通州的起点亦有所改变，元朝通惠河起点位于通州区高丽庄，至明朝时期改为通州北关闸口附近。明人吴仲主持重修通惠河时，完全使用金闸河故道，自北京东便门开始疏挖，至八里桥西侧，摒弃元通惠河下游河道，溯金闸河东行，至通州城北入潞河。至此，通州城北关附近成为通惠河的起点，北京通州间漕运大通，故易名为大通河。

此外，明在太液池（今北海、中海）加凿南海，并开凿内外金水河，与通惠河争抢水源，造成了明清时期北京城市运河水源不足、影响漕运的问题。大通河因为水源问题等造成漕运艰难，

东便门外通惠河北岸

为维持运河的运输，明政府除了疏浚上游水源河道及运河河道，还对其下游河道作了一些改动，以便漕船通行。明朝曾多次修浚通惠河，永乐年间将疏浚通惠河提上议事日程，并于永乐五年（1407）疏浚通州通流闸等7处闸间河道；正统年间，浑河水决，浑河水的一支至通州高丽庄入白河，致使通惠河以东多处堤闸损毁，遂发丁夫修筑；成化年间大修通惠河，户部尚书杨鼎、工部侍郎乔毅主持修浚，引玉泉等西山诸泉，汇入昆明湖，由玉河、高梁河引入皇城，一半入清水河，另一半汇入大通桥下，以方便水运；嘉靖以后恢复水运，引玉泉水为源，修大通河下游的水道，恢复各闸作用，经户、工两部及吴仲查勘、议定挑浚小河，重修旧坝，这就使通州北关处石坝成为大运河上十分重要的水坝。通惠河经过多次的修浚，其河道格局基本定型。

清朝时期

清嘉庆十三年（1808）以前北运河的河道水系走向，依旧循明朝大运河河道，白河在通州城北与温榆河、通惠河汇合，然后沿通州城向东南流淌，行经石坝—土坝—大棚村—小圣庙—北马头—张家湾—里二泗—崔家楼—马坊—榆林庄—长陵营一线。

清嘉庆六年（1801），北运河在大棚村附近溃决，北运河河道水系开始发生变化，通州大水，漕船改走康家沟，不再使用张家湾大运河故道，由此张家湾运河故道日渐淤浅。嘉庆年间御史吴璥查勘康家沟水道后，上奏建议漕船改走康家沟新河道，奏折

北运河通州段

中言及："查勘康家沟，现已刷成大河，数里之内，有湾环四处，河水亦不虞直泻，河流深通，行走顺利，正河已淤成高滩，计算水面河底，共高于康家沟一丈八尺及二丈一二尺不等，长至十数里，势难挑挖深通，与其修复正河，多糜帑项，自不如就已成新河，顺势利导，俾粮船经行无误。"此奏折中"正河"即张家湾运河故道。尽管清政府曾不遗余力地疏浚张家湾河道，力图使运河水从张家湾大运河正道流过，但最终无济于事。自清嘉庆十三年（1808）始，粮船开始走康家沟新河道，自此，"粮艘不复经张家湾矣"，北运河河道水流沿大棚村—小圣庙—黎辛庄—刘各庄—甘棠—武家窑—沙古堆—榆林庄一线向东南流淌。至此，新的大运河河道格局形成，并一直沿用至今，形成今日的北运河河道。

清朝在运河开凿方面的功绩寥寥无几，而主要集中在大运河的疏浚治理上。清政府为了维持运河的正常漕运，不断地疏浚运河河道、修闸建坝、开发新的水源以及对运河进行更细致的管理。

清康熙年间，为了控制玉泉山水，在青龙闸之上建玉泉新闸，并且浚治了京城护城河。为了便于漕运，又于通惠河下开通支渠会清河，沟通了通惠河与温榆河。在开通会清河时，自水磨闸，经沙子营至通州石坝建7个闸口，供给物资由通流河（北运河一段）沿温榆河至沙子营入清河，以供给清河镇诸旗驻军。

昆明湖作为通惠河的调蓄水库，为增加下游通惠河水源，清政府于乾隆年间对其进行了大规模的扩建疏浚，分别从香山碧云寺的水泉院、卧佛寺的水源诸泉敷设总长七公里的引水石槽，汇集西山诸泉之水，经玉泉将其导入昆明湖，再汇合玉泉水。据《日下旧闻考》记载："一出于十方普觉寺旁之水源头，一出于碧云寺内石泉，皆凿石为槽以通水道，地势高则置槽于平地，覆以石瓦；地势下则于垣上置槽。兹二流逶迤曲赴至四王府广润庙内，汇入石池。复由池内引而东行……入静明园（今玉泉山）。"为了增加运河水源，清乾隆三十八年（1773）又开东南泄水河（也称香山引河或南旱河），将西山诸泉之水引入当时西郊的玉渊潭，再沿三里河注入西护城河，也间接地增加了通惠河的水源。

为了方便漕运，乾隆二十七年（1762）兴建南海子团河行宫时，对凤河进行了一次疏浚，并保存了凤河原来的走向。乾隆在《南红门诗》中写道："凤河一再渡桥掮，荡漾浑流每藉兹。设使不为之字绕，清波直泻虑无遗。"

清末，现代海运和铁路运输开始，漕运日衰。清光绪二十六年（1900）始，南漕即从湖北荆州地区征收的官米改用火车由天津运至北京。次年光绪帝以财用匮乏发布上谕"直省河运、海运，一律改征折色，责成各省大吏清厘整顿，节省局费运费，并查明各州县征收浮费，了令缴出归公，以期汇成巨款"。从此，运河漕运功能全面停止。

北京市通州区古代运河一览表

序号	运河名称	年代	创开或创用者	经通州段起止	备注
1	潞河	秦—清		通州城东北—张家湾城—里二泗—牛牧屯	清嘉庆十三年变
2	港沟河	东汉	曹操、萧太后	张家湾—吴营—漷县—西黄垡—前元化	上游易凉水河
3	永济渠	隋、唐	隋炀帝	马驹桥—高古庄—东马各庄—渠头—德仁务—半截河	通惠河干渠、半截河遗迹
4	萧太后运粮河	辽	萧太后	口子—田府—大高力—张家湾	尚存
5	金口河	金	曹望之	八里桥—卧虎桥	利用高梁河
6	闸河	金	韩玉	八里桥—卧虎桥	建坝节水
7	坝河	元	郭守敬	北马庄	建坝节水
8	通惠河	元	郭守敬	八里桥—科印厂—孙王场—东小马庄—土桥—张家湾	仅存土桥下一段；土桥西尚有遗址
9	金口新河	元	郭守敬	董村—东石—次渠—麦庄—新河村	遗迹鲜存
10	通州护城河	明	于仕廉	通州旧城东、南护城河	无存

古今通州

通州区位于北京市东南部，是大运河北端重要的城市，历史悠久，水陆交通发达，历来为京畿重镇，为拱卫、建设、繁荣、安定北京作出了重要贡献。

历史沿革

通州地区的历史可以追溯到新石器晚期，今三间房、宋庄等地均有出土石器。此后，通州地区的人类活动再未中断，虽鲜有记载，但却与北京地区的历史共同发展着。据《通州志》记载，颛顼时，通州属畿内地；尧属冀州；舜属幽州；夏、商时仍属冀；西周时封召公于燕，通州为燕的一部分；秦统一中国后设郡县，通州为渔阳郡辖地。

西汉高祖十二年（前 195）置路县，属渔阳郡，路县是有文献可考的通州最早的名称，这也是通州建置的开始。新莽时期，改县为亭，路县改称通路亭，属通路郡。东汉建武元年（25），光武帝刘秀遣吴汉、耿弇破铜马、五幡等部的农民军于潞水东。同年，改潞水边的路县为潞县，以纪战绩。渔阳郡治所亦迁设于此。建武五年（29），潞县衙署东迁到今河北廊坊三河市城子村处，而渔阳郡治又迁回原处。

魏晋南北朝时期，政权频繁更迭，北京地区更是中原政权和北方少数民族政权争夺之地，潞县也从属于多个政权。北齐天保元年（550），潞县成为渔阳郡治所所在。同样在北齐年间，潞县治所迁至今通州镇。北周时，通州的标志性建筑燃灯佛舍利塔建成。

隋炀帝

隋朝开皇三年（583），撤渔阳郡，潞县属幽州。大业三年（607），废幽州置涿郡，潞县属涿郡。大业四年（608），隋炀帝为征伐高丽，便于运送粮草，发河北诸郡男女百余万人开永济渠，由潞县南部入境至涿郡。中国历史上规模最大的水利工程京杭大运河至此贯通，此后的一千多年里，通州与运河再没分开过，运河对通州的经济、文化等产生了深远的影响。

唐朝时，潞县的行政区划出现了多次变化，但始终隶属幽州。作为中原与北方游牧民族的交界之地，各族人民大量移至潞县，潞县也因此成为民族融合之地。

五代十国时期，潞县先属大燕，后入后唐。清泰三年（936），石敬瑭割幽云十六州给契丹，潞县成为契丹属地。宋金合力灭辽后，潞县、潮阴二县归北宋统治，属燕山府。宣和七年（1125），宋将郭药师率兵抗金失败，潞县、潮阴又归入金，隶燕京析津府。金天德三年（1151），金海陵王颁发《议迁都燕京诏》，调集诸路工匠修筑燕京宫室，疏浚东南河航道通潞县，又因潞县为京畿漕运重地，取漕运通济之义，置通州，领潞县、三河二县。这是通州一名出现之始，在通州历史上具有划时代意义，延续至今已八百余年。大定元年（1161），金世宗完颜雍至通州，始设太仓等三座粮仓，通州开始有了官仓。

贞祐三年（1215），蒙古铁骑攻克中都，改金中都为燕京，并设燕京路，总管大兴府，通州又归入蒙古政权，直隶燕京路，漷阴县属大兴府。至元八年（1271），忽必烈正式定国号为“元”，次年改中都为大都。至元十三年（1276），因漷阴县地处河运要道，升县为州，名漷州，领武清、香河二县。至元二十五年（1288），元政府在通州设置都漕运司，是户部下属的专管漕运要事的机构，总揽漕务，这是首个在通州设立的漕运衙署。至元二十九年（1292），郭守敬主持开新漕河，次年完工，元世祖忽必烈为其赐名“通惠河”。通惠河的开通使得通州的漕运事业获得前所未有的大发展，通州的地位益加重要，成为漕运仓储重地。

至正二十八年（1368），也是洪武元年，征虏大将军徐达率明军攻入大都城，七月攻克通州。同年，明政府撤潞县，并入通州，属新置的北平府。潞县这个通州地区最早的行政区划名称退出历史舞台。漷州也因民贫赋薄，被降为漷县，隶属通州。至此，通州下领三河、武清、宝坻、漷县四县。永乐元年（1403），明成祖朱棣筹划迁都北京，改北平府为顺天府，通州属京师顺天府。嘉靖年间，蒙古俺答部多次进犯京师，对京师安全构成很大威胁。为加强战略防御，明政府特设密云兵备道，通州因其重要的战略意义，改隶密云道。在明代，通州大兴土木，修拓城池，兴修水利，扩建仓廪，建造桥梁……通州地区的漕运得到大力发展，漕运水系日趋成熟，仓场林立，漕运衙署逐渐完善，成为京东地区政治、经济、战略要地。明朝末年，后金在东北崛起，南下攻明。崇祯二年（1629），皇太极率后金军破墙入塞，南犯京师，由喜峰口入侵，直逼通州，攻克张家湾，焚烧运船千余只。

明崇祯十七年（1644），清军入关，明朝灭亡。同年五月，多尔衮率清军破通州；八月，清世祖驻跸通州；十月，清世祖颁诏天下，定鼎燕京。通州因其重要的军事地位倍受重视，多次设置兵备道。第二次鸦片战争中著名的八里桥之战也爆发于此。

清朝历经二百余年，通州的漕运仓储盛极一时，是南北物资

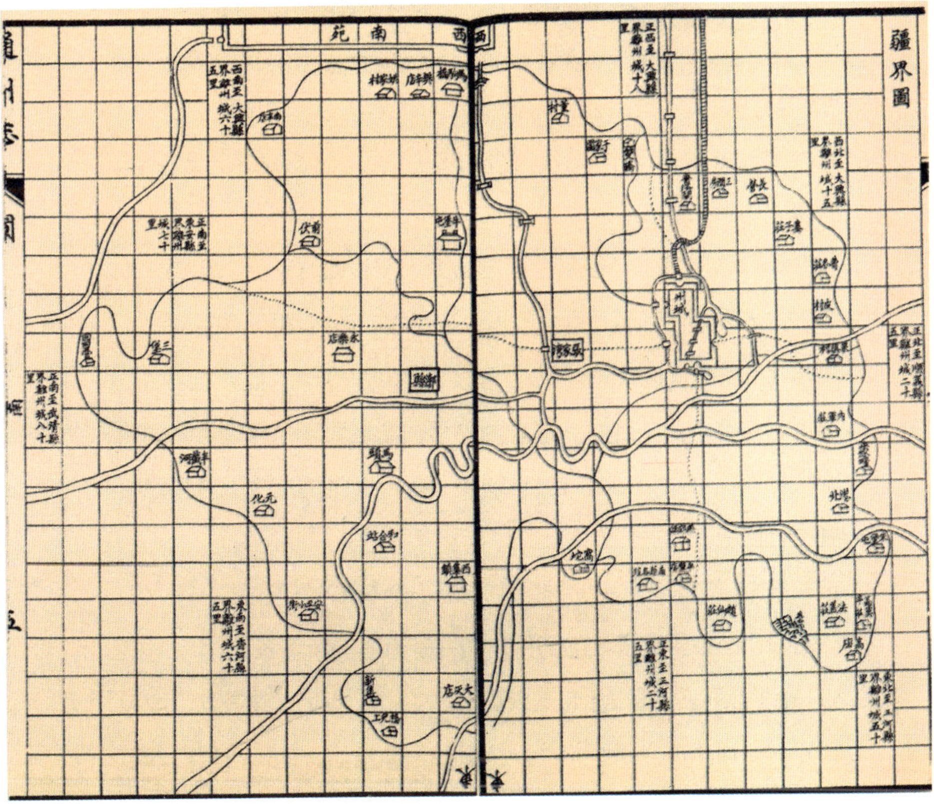

通州疆界图

八里桥之战木刻版画（画师根据1860年随军摄影师费利斯·比托的“永通桥”照片绘制而成）

交流的枢纽，商贾云集，市肆繁华，成为漕运、仓储、京东行政中心，有着“一京二卫三通州”之美誉。

第一次鸦片战争以后，外国势力入侵，西方先进思想和技术随之传入我国，开启了通州的近代化历程。新式学校、妇婴医院、现代化工厂先后在通州开办。光绪七年（1901），北京正阳门至通州东关铁路修成通车，北运河停漕，漕运衙署一律裁撤。通州近代化的程度虽日益提高，但缺少了漕运经济的支撑，通州已不复往昔盛况。

1911 年辛亥革命，推翻中国两千余年的封建统治，建立中华民国，结束封建统治的通州也翻开了历史的新篇章。

民国期间，通州随着政权更替产生多次变化。共产党、国民党分别在通州成立组织机构。抗日战争爆发后，通州沦为日本殖民地，受伪政府统治，直至抗日战争结束。1945 年至 1948 年，

通州运河盛景

通州属国民政府统治时期。

1948 年年底，驻通县国民党政府军全部弃逃北平，通县国民党党政机关被接管，通县全境解放。析通州城及关厢农村另置通州市（县级），成立中共通州市委、市政府（县级）和市军事管制委员会，归冀东十四专区管辖。12 月 16 日，通州市人民政府在西仓广场召开庆祝解放大会，通州人民获得了新生。1949 年 2 月，取消保甲制，建立基层人民政权组织。通州市划归北平

20世纪30年代的通州街头

伪冀东防共自治政府时期，通州新城南城垣的小南门（拍摄时间：约20世纪30年代）

市，为北平第21区。8月，撤销解放区建置，设立河北省及省辖通县行政督察专员公署，称通州专区，专区机关驻通州镇，辖通县、通县镇（原通州市）等14县镇，归河北省。

1949年11月，通县和通县镇分别召开第一次各界人民代表会议。1950年4月，中共通县第一次党员代表会议召开。6月，通县镇并入通县为县辖，改名通镇，通县党政机关由张家湾迁驻通镇。1951年11月，通镇从通县析出建县级镇，称通县镇。1954年1月，通县镇改为省辖专区代管市，复称通州市。1956年8月，通县撤销区级建置。1958年，通县、通州市划归北京市，县市合并为通州区。1960年，撤销通州区，恢复通县建置。1983年，通县撤销人民公社及管理委员会，建立乡人民政府，成立乡农工商联合总公司，保留村级经济合作组织，实行党政企分设的管理体制。

改革开放后，通州迎来了大发展时期。1997年4月29日，国务院批复同意北京市撤销通县，设立北京市通州区，以原通县行政区域为通州区的行政区域，区人民政府驻通州镇。9月28日召开通州区成立大会，并举行挂牌仪式。

近年来，随着首都城市副中心的建设和三个文化带的发掘建设，通州区的政治、经济、文化建设得到空前繁荣发展。通州区地处京津冀交界地区，在北京市总体规划“两轴—两带—多中心”的空间格局中，通州位于北京长安街轴线与东部发展带的节点之上，处于环渤海经济圈的核心枢纽位置，连接着首都与环渤海的多个财富中心。2015年7月11日，中共北京市委十一届七次全会审议通过了《京津冀协同发展规划纲要》，通州正式成为北京市行政副中心。2016 年 8 月 2 日，北京市政府新闻办召开北京市“十三五”时期北京文化中心建设展望新闻发布会。在《北京市“十三五”时期加强全国文化中心建设规划》的发展格局中提到“发挥京津冀地域相近、文脉相亲的地缘优势，统筹推动长城文化带、运河文化带、西山文化带建设，实现历史文化遗产连片、成线整体保护”，将“推进长城文化带、西山文化带、大运河文化带的保护利用”列入了主要任务。2017 年 6 月 19 日，北京市委书记蔡奇同志在北京市第十二次党员代表大会上的报告中指出，要传承保护历史文脉。统筹长城文化带、大运河文化带、西山永定河文化带建设，精心保护好世界遗产，凸显北京历史文化的整体价值，强化“首都风范、古都风韵、时代风貌”的城市特色。并强调要充分挖掘文化内涵，全面保护、传承、利用好各类历史文化资源。推进大运河文化带的建设，保护大运河文化遗产，深入挖掘大运河的历史文化资源是这个时代赋予我们共同的责任。

通州自西汉建县以来，2000 余年的历史，创造了辉煌的运河文化。如今，作为北京市规划建设规模最大、区位优势最明显、基础设施条件最好的新城区，通州以前所未有的速度全面发展，开创现代化建设新局面。

通州古城

中国古代的城池都有军事防御功能，北京地区在历史上处于中原政权与北方少数民族政权交会之处，一直是中国北方军事重地。而通州为北京东南门户，“上拱京阙，下控天津。潞浑二水夹会于东南，幽燕诸山雄峙于西北。地博大以爽垲，势雄伟而广平。舟车辐辏，冠盖交驰，实畿辅之襟喉，水陆之要会也”。因此，通州地区的城池建设历史悠久，且具有重要战略意义。

通州城北门

路县故城

西汉初年设路县，当时路县治所在今潞城镇古城村，路县古城应是这时修建的，是通州最早建成的古城。路县城垣方形，“周围四里”，以黄土夯筑而成。新莽政权时的路县改通路亭，亭治仍设在此。东汉光武帝时更名潞县，渔阳郡的郡治也迁到这里，郡县两级政府机关都设于此。北齐时县治迁出路县故城，唐中宗李显神龙元年（705）,崇州、鲜州（安抚降唐奚族部落所置羁縻州）二州政府一并寄治此城，唐肃宗李亨至德元年（756）撤除。明朝为修缮通州城垣、仓场、衙署等建筑，补充水运南方砖料的不足而于此设窑烧砖，取用古城熟土，路县古城东、南城垣的熟土大部分用尽，只剩西、北墙以抵河水冲积。清光绪年间，城西北角楼台尚存残迹，北垣依旧，民国间渐被村民挖取而减少。中华人民共和国成立后，集体生产组织再次于此设窑烧砖，1959 年文物普查时还留有北垣东段残址 50 米，被列入通州区文物保护单位。路县古城并未随着县治的变迁而城池废弃，而是从建成之始一直沿用至今。

通州古城

北齐时，潞县县治迁至此，开始建城。北周时，在县治北侧兴建了燃灯佛舍利塔，通州城的城市标志自此确立。后唐天成三年（928），契丹崛起，屡犯幽州，《资治通鉴》“赵德钧为节度

通州新城南门

使，城阎沟而戍之，为良乡县，粮道稍通。幽州东十里之外，人不敢樵牧。德钧于州东五十里城潞县而戍之，近州之民始得稼穑”。通州城在当时已成为防御外敌、护卫幽州的重要城池了。金天德三年（1151），在潞县设州，始称通州。泰和五年（1205），开中都至通州的闸河，在通州城北入潞河，以通中都漕运。元灭金时，木华黎攻通州，《元史》载“一夕造炮三十、云梯数十，附城，州将惧，出宝货以降”，由此可见金代末期通州城的规模。在后代文献记载中，多次提到元代通州城仅“捍以篱寨”。元末，明将徐达北伐攻通州时，指挥郭英说：“吾师远来，敌以逸待劳，攻城非我利也。”于是用计破元军，拿主帅，攻下通州城。从这段历史中可以看出至元末时，通州应该不仅是“捍以篱寨”了。

明洪武元年（1368），明将孙兴祖奉命修建通州城，夯筑城

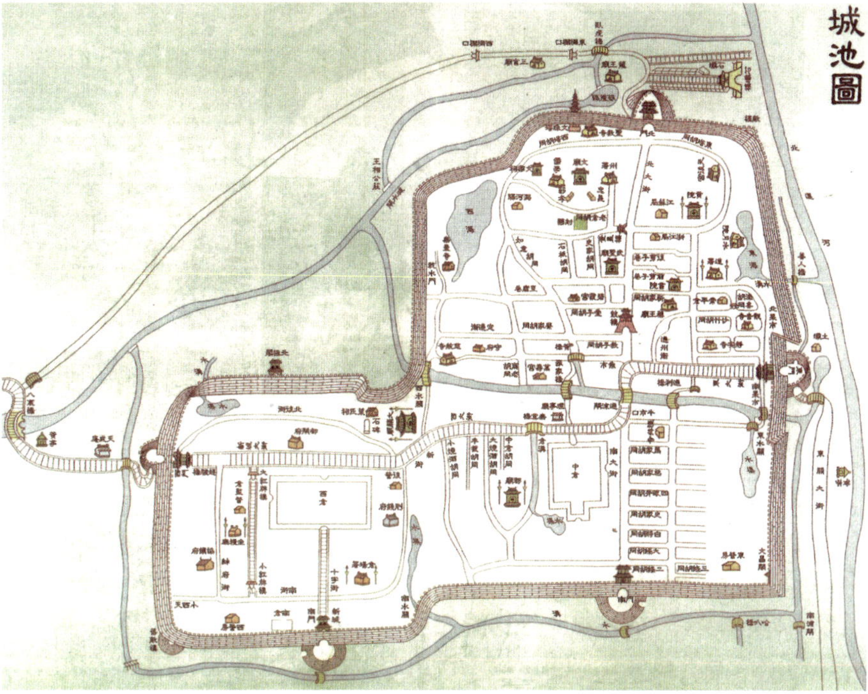

《通州志》通州城池图

墙，外砌城砖，连垛墙高三丈五尺，周围九里十三步，较元代城池向南扩大近一倍，城有四门，均有门楼。正统十四年（1449），总督粮储太监李德因大运、西南二仓在城西门外，奏请建新城以保护二仓。于是在通州城之西建新城，通州有了新旧二城。正德六年（1511），巡抚李贡增修新城，筑高五尺，增建瓮城，建地台。万历十九年（1591）加筑城墙，将之前只有旧城城墙一半高的新城城墙增高到与旧城同样的三丈五尺。万历二十二年（1594）疏挖城壕三千三百丈，注入通惠河水通漕。清乾隆三十年（1765），旧城西门拆除，新旧两城合为一体，共拆旧墙一百八十二丈，城墙里皮全部换为砖砌。通州城自建立后，逐渐成为京东重镇，既是戍京屏障，又是水陆交通枢纽，往来商旅，络绎不绝。通州城内仓场林立、衙署众多，街衢巷陌，密如蛛网，是京郊规模最大、商业最繁荣的古城。

张家湾古城

张家湾古城是明清时期的京东重镇，由运河码头发展而来。辽统和末期开凿萧太后河通漕，张家湾就成为当时的运河码头。及至元朝至元二十二年（1285），漕运万户张瑄从南方漕运粮食，沿海北上至通惠河入潞河于此处停泊，大车转运漕粮入大都，形成聚落，张家湾之名也是这时开始出现的。

明嘉靖四十三年（1564），为抗击蒙古军队进扰，护漕卫京，顺天府丞郭汝霖、通判欧阳昱奉旨监修张家湾城池。张家湾城随河就势，南北长、东西宽。墙体外砌砖，中夯灰土，周长905丈，高二丈一尺，东南西北各有一正门。与一般城池不同的是，张家

张家湾城门（拍摄时间：1900年8月—9月）

残存的张家湾古城墙遗址

湾古城的城门互不相对，各按码头转运情况和进京入通需要而设。清嘉庆七年（1802），大雨致北运河改道，流经张家湾一段淤浅。此后三浚三塞，新道形成，张家湾码头废弃。1937 年七七事变，日军侵占张家湾城，拆城墙修炮楼，古城损毁严重。1958 年拆城墙，城垣损毁殆尽。只有南门东侧的城垣因用作粮库围墙，得以保存至今。

漕运通州

通州境内多河流水域，自秦代以来，利用通州地区自然河道开发水运的工程从未间断，尤其是自隋朝大运河的修建以及元代

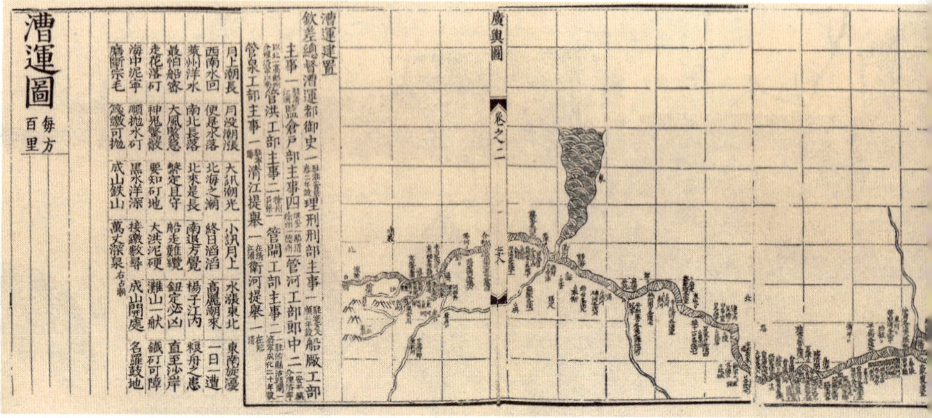

漕运图

通惠河的贯通后，通州的政治、经济、文化得到大力发展，逐渐成为京东中心城镇。

漕运制度

为保证漕运顺利进行，历朝历代都订制了系统的漕运制度。

北京地区的漕运从金代开始制度化，并被后代沿袭。金代政府规定转输中都的漕粮每年分春秋两季运送。春运自河水解冻开始，秋运自八月开始。各地漕船从出发地抵达通州和通州的船抵达中都，政府都根据距离远近规定了时间，并按规定的时间和运输粮食的重量、距离远近付给船夫运费。沿河各州县官吏有督运的责任。漕船如果误期，船夫也只能按官方规定的日子领运费，同时还要受到责罚。漕粮每次运输之前必须先行把封存的米样送到漕船将要抵达的目的地，待漕船到达后，仓官要将米样与漕船交纳的漕米进行比较，检验成色相同才会入仓。

元朝漕运制度有部分变化。元政府建立的都漕运使司开始总理漕运事务。坝河的拦河坝和通惠河的木、石闸都规定由看闸坝的专业户进行管理和修缮。那时的粮仓都必须建在运河岸边，以便转运和管理。运粮费用也有明文规定。

明朝漕运最初仿照元朝旧制，中央政府设置漕运使来掌管漕运，但时罢时设，未成定制。关于漕粮运输，明政府规定各地农户将税粮就近运到指定的河边，交给那里的仓库，再由编定的官军分段沿河运到通州，称支运；后又要求农户将税粮各自运到所在州县府，兑交给那里军队卫所的官军，由官军再沿河一直运到通州，称兑运；后又改为长运，即由负责漕运的官军从各地收集农户的税粮，直接运到通州交付。除运粮方式外，明朝也规定了各省漕船到达通州的期限，还对漕船的建造、保养、报废等都有

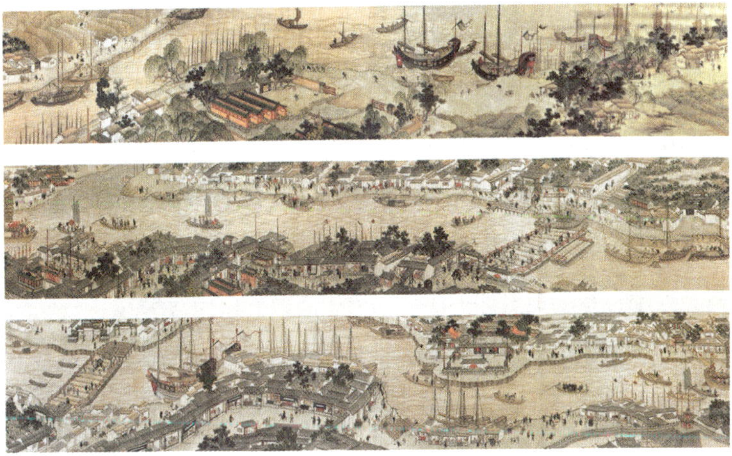

潞河督运图（清代江萱绘，上图右为卷首，下图左为卷尾）

所规定。

清朝仍是每年两运，且还制定了漕运兵丁屯田制，按照漕粮计划数额，根据各应征省份的运丁多少，以每丁分派一定数量的耕地，各划出地亩进行屯田，由运丁耕种，每亩收租银，余下归自己。各省漕船数量根据应该征运的任务而定，各地区漕船编“帮”而运，便于管理。

漕运衙署

通州在北京水路漕运历史上占据了最为重要的地位，这不仅表现在通州依托漕运经济而发展起来的城市经济，也表现在历代政权在通州设立的各种漕运管理机构上，从元朝初立漕运衙署开始，逐渐形成了一套完整的漕运衙署体系。

通州地区设置漕运衙署始于元朝。至元二十五年（1288），元政府在通州设置都漕运使司。都漕运使司是户部下属的总揽漕运事物的机构，专管漕运要事。至元三十一年（1294）开凿通惠河后设置通惠河运粮千户所，是负责通惠河漕运兵丁的武官千户的办事机构。大德三年（1299），元政府在通州到淮北、淮南漕河之间的运河两岸建立了巡防捕盗司十九所，通州是第一所，隶属于兵部，专门负责保护漕运河道和漕粮的运输安全。

明朝永乐帝迁都北京后，京城修建宫室、城垣、陵寝以及北方防御用的长城，无论是土木工程、战略戍边的需要还是上至皇室贵族、下至平民百姓的粮物供应，运河都发挥着极其重要的作用，朝廷对漕运也更为重视，除在京城建有仓场总署外，还在通州建立了诸多漕运衙署，加强对漕运的管理，以保证京城各方面的供应。因此，在通州北运河一带形成了一处衙署群，大小漕运衙署近四十个。以下列举几个：

工部营缮分司 永乐七年（1409）左右，建通州皇仓时设立的衙门，由工部主事一人及属下官员在此办公，专门负责督修国家在通州设置的所有军仓，以保证北京守军和长城守军所需军饷漕粮的安全。

巡仓公署 景泰二年（1451），为加强对漕粮的监管，都察院派巡仓御史至通州，对管理漕粮仓场的官员和管理情况进行巡视考察。巡仓公署就是为此而设。

工部都水分司 嘉靖八年（1529），为了确保重修的通惠河与津、通之间运河的通漕，开始修缮闸坝、培护堤岸、疏浚水道，特在通州建立都水分司。

监督主事公署 旧称忠敬馆，是明代早期监督粮储太监的官署。嘉靖十四年（1535）革去太监，派遣户部主事在此办理仓场事项。

督运昌密漕粮户部分司 明代在密云、昌平两地均设有军仓，军仓所储漕粮自通州由白河、温榆河转运抵达，以满足守边军队的粮饷。万历二年（1574），张居正因北部边关形势严峻，特别关注边塞安危，故在通州设户部分司，专供密云、昌平守关官兵的粮饷。

尚书馆 永乐年间建，户部总督粮储尚书巡视通州时于此理事。万历九年（1581）开始以户部侍郎来通州专理漕运。

户部分司 在尚书馆侧。户部每年委派员外郎、主事等人来通州掌握皇仓的出纳事宜。

巡漕公署 万历十年（1582），张居正为保证对蓟州防兵的供应，加强对漕粮运输的管理，下令都察院委任监察御史至通州督运，既督漕运，也督转运，任务繁重，称督运御史。巡漕公署即为督运御史官署。

漕帅府 为漕运总兵官署，负责漕运官兵兑运漕粮的事务。

此外，还有锦衣馆、潞河水马驿、递运所、通济库等衙署和办事机构。

清朝沿袭了明朝部分漕运制度，也对漕运官署进行了一定的改进和精简，但数量仍然繁多，列举如下几个：

仓场总督衙门 清顺治十五年（1658）设置。每年漕运期间，户部委派满汉各一员为仓场总督侍郎来此办理漕运重务，满正汉副，俱为钦差特简二品官职。都察院也会差遣满汉巡仓御史至此监督巡察漕运官员的办理情况和行为。总督衙门下设东科、西科、漕科、详科、印科等五科，监理漕运现场，验收漕粮、皇粮，督理修护河道，督察沿河衙门各官职掌事务，点验土、石二坝经济、车户以及拨船督令等，司监理之职。

户部坐粮厅 户部留守在通州分管漕粮的机构。设满汉厅丞各一员，满正汉副，都是钦简五品官阶。凡省、地方漕粮过坝、水陆盘剥、河道船只、漕粮验收、盘运、征稽河运税收、课核运河沿岸麻科地亩等事务，均由坐粮厅经营。衙署建筑格局与规模均仿户部营造。下设东、西、南、北、库、税、铜、漕八科，其中东南西北四科是将有漕粮征运任务的七个省和地区的漕帮，按地理位置划分为东南西北四部分，到通州后由四科分别管理。库、税、铜、漕四科管理各漕仓和堆房，商运税费，铜铅等有色金属原材料，修治河道，漕粮运输、收纳、管理、支放以及船只修造费用等事务。

漕科下设头宅、二宅、三宅、社人、运目、经纪六股。头宅管理来往文件和印信，旨在此收，奏由此报；二宅负责土坝码头事；三宅管理石坝码头事；社人管因时祭祀；运目主管排浅、催漕、驳运、盘运等事项；经纪管选择、分配、管理、督察漕粮经纪人的事务。

坐粮厅中还设里班、外班、轿仗班三班，管理坐粮厅行政往来事务。此外，坐粮厅还统七十二行业，辖六十四巡社，职权庞杂。统七十二行业指统辖通州布业、粮业等工商各业；六十四巡社为坐粮厅外勤巡丁，负责巡察各科所辖事务，稽查偷税、走私、盗窃等。

漕运厅　清初设立。设漕运通判一名，管河兵八十人，专管河道疏浚、抢修河堤等工程事务，以确保河道漕运通畅。

大运西仓监督署　清初设立，设满汉监督各一名，领吏员在此主管监督大运西仓的收纳、保管、支放情况，及时或定期向仓场总督署报告。

大运中仓监督署　清初设立，设满汉监督各一名，人员编制与所负职责与大运西仓监督署相同。

石坝掣斛厅 清初设立，为户部官员公务处，主管漕粮抽签过斛之事，分理漕粮验收后装袋由通惠河转运到北京的具体事项。

土坝掣斛厅 清初设立，由户部所派官员主管漕粮抽签过斛之事，分理漕粮验收后装袋由陆路或护城河转运到通州中、西二仓。

运河与通州

通州作为中国北方漕运重镇，几百年来与运河漕运休戚相关，兴衰与共。

1. 古运河促进通州城区的营建。

通州建置建城均是因水而起，从最早的潞县到后来的通州城、张家湾城，无一不是因河因漕运而建城并逐渐发展起来的。城市各项设施建设也多受漕运影响。如清康熙十七年（1678），为解决北京与通州间漕粮运输和其他物资困难的问题，自北京朝阳门至通州城内仓场、码头诸处，修筑了一条石道，使通州北大街、东大街、西大街、中山大街等当时的交通得到改观。至清朝晚期，因漕运、漕仓、商市而形成了四员厅、帅府街、官园、后南仓等十余条街巷。在今天，通州区内许多村庄的建立和发展都与漕运相关，因潞河漕运而命名的大棚、小圣庙、北码头、土桥、张家湾等。还有马堤、杨堤等是以看护运河大堤的管理人员居所而命名的，此类村庄约占通州乡间村落的三分之一。

2. 古运河促进了通州经济的发展。

漕运促进了南北经济和文化的交流，使得古通州也随之发展起来。自古运河漕运，乃国脉所系“百司庶府之繁，卫士编民之众，无不仰给江南”，逶迤三千里的大运河，把皇家征敛的年约四百万石漕粮运抵通州。元代以来，建立衙署，重臣执掌漕政。南方各省漕船直接抵达通州，通州运河上呈现出千舟万楫的盛况。朝鲜著名学者朴趾源在《热河日记》中记载“舟楫之胜，可敌长城之雄”，“自通州至皇城四十里，铺石为梁，铁轮相搏，车声益壮……”等通州运河漕运的奇观，反映了北京与通州间运输的繁荣景象。清康熙年间朝鲜贡使李宜显则更具体地写出通州大街的商业状况：“市肆丰侈，杂货云委，或聚在床上，或积至路边，车运担负，不可尽数。”乾隆年间，通州知府尹澍有一首七言绝句《万舟骈集》吟道“天际沙明帆正悬，翩翩遥望影相连。漕艇

东大街（拍摄时间：20世纪30年代）

大运河通州段漕船运输的景象（拍摄时间：约20世纪30年代）

贾舶如云集，万国鹈航满潞川”，也充分说明了通州运河的繁荣与位置的重要。

在通州运河上，漕船携带的南方土特产量巨数硕，另外，海外进口的“洋货”也品数繁多，南北方及海外货运在通州这里进行交易。由此，通州城内外形成了众多货栈和市场。诸如明嘉靖年间在通州城东垣外，运河西岸形成的粮食市，是私营米、麦的聚销场所，是北京城区、郊县最大的民间私营粮食货栈。另外，位于通州的瓷器货栈历史也很悠久，现在的“磁器胡同”便由此得名。由此可见，古代漕运带动了通州经济的发展，促进了通州的繁荣。

3. 古运河赋予了通州重要的政治、军事地位。

通州东濒北运河，西距京城咫尺之遥，地理位置得天独厚。古时，天子外仓设于通州，其政治、军事地位显得尤为突出。明朝中叶，蒙古瓦剌部屡犯塞北，正统年间“土木之变”，英宗朱祁镇被虏，形势危及京城。为保护当时尚在通州城外的大运西仓，扩建通州新城，括西仓于新城之内，驻兵戍守，保卫仓廪免遭瓦剌所掠。由此可见，当时通州乃“左辅雄藩，京畿重镇”。无论是来往北京的官员、赴京应试的举子，还是外国来华使臣，大多自运河而来，在通州弃舟就轿进京。18 世纪末，英国经济迅猛发展，极力对外扩张，中国是其最理想的市场。乾隆五十七年(1792)，以马戛尔尼为团长的庞大使团出访中国，乾隆允许其在通州候旨诏见。使团沿海北上，经天津溯北运河，最后抵达通州，经北京去承德觐见乾隆皇帝。后来的八国联军入侵中国，也是自天津登陆，沿北运河先破东大门通州，再陷北京城。由此可见，古时通州乃军事要塞，咽喉雄镇，是京城的东大门。

4. 古运河彰显了通州深厚的文化底蕴。

通州历史文化源远流长，又经过多年的古运河文化积淀，形成了深厚的文化底蕴。自古至今，描写通州的诗篇中多数蕴含着古运河的文化色彩。乾隆游览通州之后，曾写诗“树梢看塔影，烟外过通州。沙岭延东亘，潞河自北流”。又有著名思想家李卓吾作诗写道“只在此通州，居然足胜游。清阴迷钓叟，曲水系河舟”。

这两首诗均表达了作者对通州的称颂，对古运河的赞叹。由于大运河促进了交通的便利，帝王巡幸，文人墨客驻足游览，年复一年就形成了诸如“通州八景”等众多文化景观。至今，史书记载的这些景观大多已不复存在，却为我们研究古运河，探析古通州提供了珍贵的史料。

古运河为通州积淀了宝贵的民俗文化遗产，古老的通州流传着大量的民谣、童谣、劳动号子。它们涉及社会的各个方面，反映了古运河边上的淳朴乡土风俗。运河襟带千里，民俗文化蔚为大观，土物滋丰，五民萃处，人文蔚起。

古运河在通州的城市化进程中，虽然历史的遗迹正在消失，但积淀了千年的古运河文化却为后人研究通州历史，探析古老文化提供了便利。在新时代的城市发展历程中，古运河与通州相映生辉，形成了独特的区域文化，文化的发展也必将促进通州更大的发展。

街巷村镇

通州区地处北京湾小平原上，水系众多，是北京市境内河流分布最多的区。一方水土养一方人，尤其是运河通至通州，漕运发展起来后，两岸、码头、贸易集散地逐渐形成村落城镇，通州城内也因漕运衙署的进驻，形成了多处以衙署为中心并命名的街道。

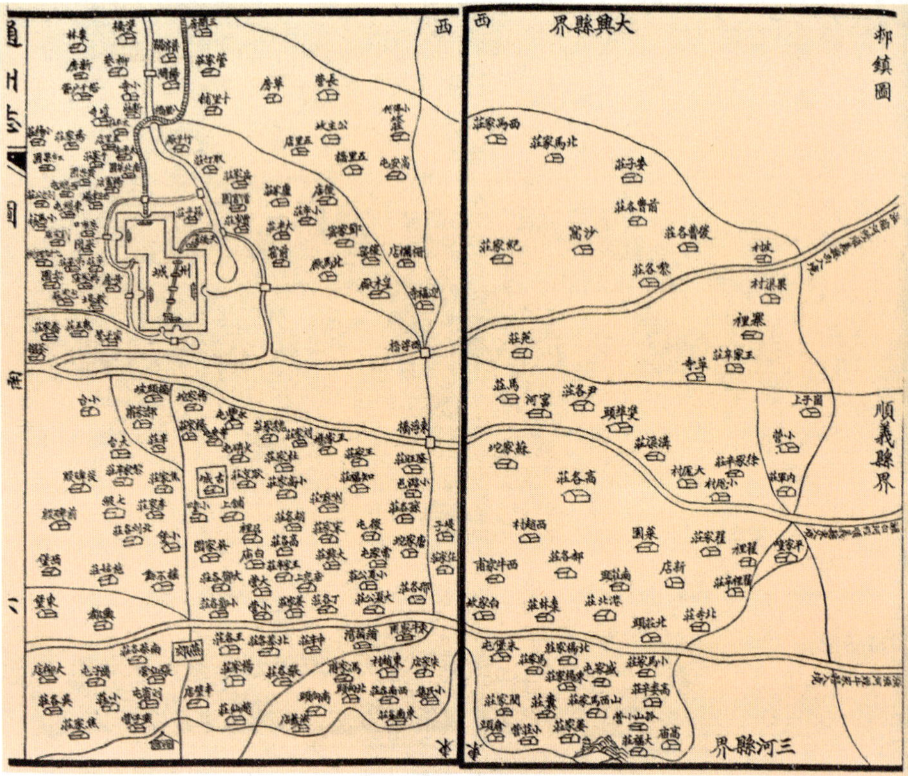

通州村镇图

通州地区开始出现人类定居的聚落应该可以追溯至春秋战国时期。秦统一中国后，秦始皇曾令涿郡、渔阳、右北平诸郡，利用北河（今白河）运输粮草以巩固边陲，而此时的通州成为水路运输的必经之地。及至两汉，古潞水边置潞县、建潞城，形成了最早的城市。隋朝大运河修建，为通州带来了发展机遇。元代京杭大运河全线通航以及通惠河的开通，运河沿岸更是迅速发展，及至明清，通州成为北京地区水路交通中心，一些原有一定基础的城镇村落逐渐向运河沿岸靠拢，原来没有城镇的运河要冲地带逐步兴起新的城镇乡村；仓场、码头甚至闸口周边都逐渐出现了村落，现在还留下了如“后南仓”这样的地区；一些漕运货物集散地也因为人们的活动频繁形成城镇，通州的南北果子市就是因为漕船运来的各种水果在此地集散而形成人类聚居地；漕运衙署进驻通州后，在通州城内就出现了诸如“司空分署街”一类因衙署的出现而命名的街巷。

运河沿岸城市村镇

漷县村

漷县村位于通州区东南部，大运河西畔、港沟河西岸，是通州地区古村落之一。因漷阴县治曾设于此，故名。

漷县村在西汉时为泉州县属地，名霍村，是当时较大的聚落。辽统和四年（986），辽圣宗欲率军伐宋，于霍村的西湖沼狩猎时，将此处水面命名延芳淀。辽宋对峙阶段，圣宗及其母萧太后以此处为演习兵马的基地。因萧太后、圣宗经常率亲族大臣至延芳淀游幸，霍村商肆发达，居民日多。太平年间，因“四时捺钵”和管理漕运的需要，朝廷析出潞县南部、武清县北部添置一县，在霍村设县治，因在漷河之南故名漷阴。金代属中都路大兴府，居民日多，村落又增。沿至元朝，因永定河、潮白河洪水泛滥，延芳淀渐被淤塞，化为几处较大的孤立水面。蒙古族帝后王公亦善于弋猎，常至此游幸；又漷阴县地锁京杭大运河，而漕河是元朝京师以至北国的生命线。因游猎文化与大都政治、经济的需要，至元十三年（1276）升漷阴县为漷州，领香河、武清二县。州治初设于柳林镇（今牛堡屯镇西永和屯村西），是游猎需要。不久，州治南迁至白河（今北运河）西岸之河西务，则是漕运之需；后再将州治北迁至漷阴镇内,则是二者兼顾。至正二十八年（1368），红巾军将领毛贵率起义军攻取漷州及枣林（今张家湾枣林庄）。明洪武元年（1368），徐达、常遇春统兵北征，破漷州，取通州，下大都，元朝灭亡。明初，国都设在南京，北方漕运不修，潞河及淤泊逐渐变浅废弃，漷州民寡赋薄，地位大降，遂于洪武十四年（1381）降州为县，隶属通州，县治仍在漷阴镇。正德初期，漷县开始筑土城。万历四年（1576）重修，城垣四里，以砖砌成，城周围开护城河。清顺治十六年（1659），因以往屡遭水患，民困役重，裁撤漷县入通州直辖区域，只设一名管河州判驻此，从此，漷县作为县级行政区划在历史上消失，但漷阴镇因曾漷县县治置此而变成一座较大的聚落，即以县称为村称，称为漷县村，沿用至今。

赵登禹大街

赵登禹大街，位于北京通州区西北部，在北运河西畔，与河道平行。南起玉带河东街，北至故城东路，原属东关大街的一段，后为纪念抗日名将赵登禹改名赵登禹路。

所谓东关大街，虽在通州城东门之外，但却不是在东门内大街东端的延长线上，而是距东门不远处向东南傍大运河而行。通州城东滨运河，东门外迤北即是土坝码头，再北则是石坝码头，这两个码头是朝廷漕粮专用码头，从江淮运来的粮草在此卸运验收，之后再转运至各仓场存储。明朝时这里就成为南北商品集散地和粮食等各类商品交易市场的装卸码头，在土坝码头以南很长一段运河西岸傍河形成了一条货栈与买卖街道，异常繁盛，因在州城东门外故名东关大街。清朝，东关大街以西为粮食市，曾有四大堆房用以储存粮食及交易。清末漕运终止，逐渐成为居民住宅区。

赵登禹（1898—1937），山东菏泽人。1914 年加入冯玉祥的陆军第十六混成旅，后任冯玉祥的随身护兵。1926 年参加北伐战争。1933 年，在喜峰口抗战中受伤，战后升为宋哲元部第

通州区东关大街

通州区赵登禹大街

132师师长。1937年7月28日，数以万计的日军在飞机和坦克的掩护下，分别向北平、天津以及邻近各战略要地大举进攻。担任132师师长的赵登禹，率部抗击日军入侵，守卫北京城外的南苑。赵登禹率部誓死坚守阵地，拼死抗击。在奉命向北平撤退途中，在丰台区大红门处遭到日军伏击，壮烈殉国，牺牲时年仅39岁。

1946年，为缅怀赵登禹将军，将东关大街通州东门至江米店一段更名为赵登禹大街。1981年在北京市地名调查整理工作中，因不以人名为地名原则而恢复原名。1985年10月，为纪念抗日战争胜利40周年，将东关大街东西走向路段保留，南北向路段重新命名为赵登禹大街。

赵登禹大街两侧在明清时期建有不少庙宇，诸如龙王庙、药王庙、关帝庙、东岳庙、灵官庙、大王庙、晏分庙、静安寺、慈云寺、白衣观音庵、普陀庵、清真寺等。

外河沿

外河沿位于通州旧城东关厢，北运河西岸。北运河是大运河的最北段，是利用自然河流修治而成，秦时名沽水，西汉名潞水，均曾用以输送粮物供给北陲官兵。北魏时称潞河，金代为通济河，元朝因两岸白沙一片不生青草而更名为白河。明嘉靖七年(1528)，巡仓御史吴仲主持重修通惠河成功后，将通惠河河口自张家湾北移至通州城北门外迤东，同时将大运河北端的码头从张家湾迁至通州城东的石坝。此后，自江淮漕运而来的粮草须于石坝码头大光楼验收后，再转运至通惠河驳船上，驳运到北京城内的粮仓储存，当时便出现了里外漕河之分，通惠河称为里漕河，而白河称为外漕河，外河沿之名也因此而来。

光绪二十七年（1901），京津铁路开通，漕粮从天津以火车直运抵北京各仓，北运河停漕，石坝码头被废弃。原来的码头工人失去生活来源而转他处谋生，一些渔夫为方便打鱼便在此居住。民国初年，在石坝码头以南至土坝码头间逐渐形成了居住区。外河沿也是在此时得名的。今外河沿东侧有千年古堤。北端临河处重建有户部官员验收漕粮之所——大光楼。

里二泗

里二泗村位于北京市通州区张家湾镇，为通州区古村之一。

里二泗村，元朝时已成村，当时名李二寺。李二是人名，相传其为人刚正，村民建寺以示纪念，村依寺名。明嘉靖十四年（1535），李二寺建玉皇阁，塑河神像，赐名佑民观，名其阁曰锡禧。因近泗河（由白河、凉水河、萧太后河、通惠河汇流而成的白河在张家湾至漷县段的名称），山门匾额明写浬二泗，名从水旁。清朝简写成今名。该村曾为元、明、清三代重要漕运通道，曾有“船到张家湾，舵在里二寺”的民谣。佑民观已不存，盛极多时的里二泗庙会，也于20世纪40年代终止。

小街

小街位于通州区中部，属梨园地区，是梨园地区最大的聚落，聚落形成时建有一条短小斜街，故得名小街。此地多辽代瓦砾，元代郭守敬主持开挖的通惠河故道遗迹尚存。1983年，在村东南出土的唐朝潞县录事孙如玉的墓志铭，是通州治所考证的重要依据。

通州区小街

大河沿

大河沿位于通州区东南，北运河西岸，在赵登禹大街与滨河路之间。沿北运河大堤西侧散落有民居，街道在清朝已有，1913年前后因位于大运河西岸而得名。

台湖

台湖位于通州区西部。辽代已成村，位于萧太后河南，因此处地势低洼，有一个湖泊，名台湖，村依湖名，称台湖村。辽统和八年（990）起，辽圣宗多次到此驻跸，统和十年（992），将台湖更名为望幸里，设役使在此常驻，所以又名台户。1913年复原名，仍称台湖。后与张家湾几度分分合合，1961—1983年曾为人民公社驻地。

南北果子市

南北果子市是通州城内以东大街为界的两条街道，位于通州城区东部。北果子市南起东大街与南果子市相连，北至观音寺胡同。南果子市南起新华大街，北至东大街与北果子市相对。

两条街道形成于明代，明清时期漕运兴盛，因街道所处地区靠近土坝码头，于是在通州旧城东门内形成商业繁华的地区，而在东大街东端南北向南直达通惠河分支河岸一带，形成了水果交易市场，当时名果子街。清乾隆初年，以东大街为界分南北，分别名北果市、南果市。1913 年前后改为今名。

西集

西集，位于通州区东部。明朝初年，平定北方的大军沿运河北上至此，为迎接燕王朱棣过河而设仪仗队，此处为西边仪仗队的西端，后形成聚落便以西仪为名。又因此处北依运河，历来为交通要冲，逐渐形成集市，名西仪集。至清朝简化名称为西集。1948 年 10 月至 1949 年 3 月曾为通县人民政府驻地。1976 年受唐山大地震影响，损毁严重，1979 年重建。

漕运码头及仓场周边村镇

张家湾

张家湾是一座具有千年历史的文化古镇，位于通州区中南部，东隔北运河与西集镇相望，东南接郝县镇、于家务乡，西南接马驹桥镇，西邻台湖镇，北与梨园镇、永顺镇为邻，张家湾镇位于北京市通州区东南部，是通往华北、东北和天津等地的交通要道。

因元朝漕运万户张瑄督海运漕粮至此，故名张家湾。

张家湾的历史可以追溯到辽代。秦汉时期，潞河（今北运河）在张家湾东折流，形成近乎直角弯，兼之浑河（今永定河）东支西来汇此，使此处湾流宽阔而深，又两岸土质坚硬，成为天然的良好河港。辽代建陪都于蓟城（今北京原宣武区一带），称南京。为了调运粮饷，在统和年间自辽南京向东开凿萧太后运粮河。萧太后河的河口即在此处港湾，漕船至此，换小船驳运，此湾遂成朝廷的漕运码头。元朝，世祖忽必烈定都北京称大都，粮草需要依赖江南。至元二十二年（1285），万户侯张瑄首次指挥海运漕粮自渤海溯海河北上，再沿白河行至此湾，于此调用大车陆运至大都城，此处再次成为码头。至元三十年（1293），通惠河疏凿完工，此处成为水陆要津，“官船客舫，骈集于此，弦唱相闻，最称繁盛”。元朝末年，通惠河因久未疏理而淤塞，南来北往的商客漕粮，又只能退回张家湾，以它作为大运河转运终点。明朝时，朝廷大力发展漕运，尤其是嘉靖六年（1527）通惠河疏浚再次通航后，张家湾又呈现出百货云集、千帆汇聚、万舟骈集的繁华景象，有大运河第一码头之称。明中期，为防御蒙古军队南下，修建了张家湾城。城中建巨型粮仓多处，军营若干，各类政府机构一应俱全。城内驻扎守军 500 人，成为集军、民两用于一体的关口要塞。明代，张家湾是粮草的转运地，南北货物的集散地，往来旅客的中转站，其繁荣程度，比起通州城有过之而无不及。清前期张家湾地区仍持续繁荣。第二次鸦片战争期间，英法联军攻陷大沽、天津后，继续沿运河北上进犯北京，抵抗失利的清军将领僧格林沁率军退守张家湾。清廷派怡亲王载垣赶赴张家湾同英法联军谈判。谈判破裂，清军将英法两国使者 39 人擒获并解往北京。英法联军遂向张家湾城发起进攻，清军官兵在民众支援下奋勇阻击，但因英法联军炮火猛烈而被迫撤退。张家湾失守，侵略者将张家湾洗劫一空，通州随后也告失陷。光绪二十七年（1901），北运河停漕，曾盛兴几百年的张家湾再不复昔日光景。1949 年，中共通县县委、县人民政府迁至此处，同时设镇，与张家湾村单独建制，称张家湾镇。

曹庄

曹庄村隶属北京市通州区漷县镇，位于北运河南岸，至今已有 600 余年历史。

曹庄村最早可追溯至辽代。元至正十年（1350），原住在北京城内安定门的曹达汉因避时忌举家搬迁到通州漷县居住，建立曹庄，至今曹家已在漷县繁衍二十七代。曹庄有自己的始祖、家庙、家法、家谱。另外，曹氏祠堂保留了传统家祠所有的房屋建制，这也是北京地区保留最完整的家族祠堂。2016 年，在重建一新的曹氏祠堂里举行了停止多年的曹氏祭祖大典，如此大规模的家族祭祖活动，在现代北京地区尚属首次。元明清时漕运兴盛，曹庄因在北运河之滨曾建有船坞，明清两代曾于此设递铺，清代漷县在此置迎送上司的公馆。

复兴庄

复兴庄位于通州区西北部，京塘公路与玉带河大街交会处东南侧。东起新城南关，西至京塘公路，北起杨富店居民区，南抵京秦铁路。

复兴庄在清朝时已形成聚落。明清时期因地近大运西仓，地势平坦，为晾晒大米之地，曾名晒米厂。清嘉庆年间，外国传教士开始进入通州，建造教堂。清光绪二十六年（1900），义和团运动爆发，通州义和团民烧教堂，杀教徒，通州城乡天主教、耶稣教大多教徒被驱散。光绪二十七年（1901），《辛丑条约》签订，美国传教士利用赔款购置晒米厂，将耶稣信徒中被义和团杀死者的家属聚居于原晒米厂处，建房成村，以复兴耶稣教之意定村名为复兴庄。1986 年通州被列为北京卫星城之后，城市建设面积扩大，复兴庄被扩入通州卫星城中，成为居民区。

通州复兴庄

后南仓

后南仓位于通州城区南部，在玉带河大街与佟麟阁街交会处西北。东起佟麟阁街，西至营房胡同，南自玉带河大街，北至新城南街。清朝已有街巷。因位于明朝所建大运南仓之北，又因大运南仓在大运中仓、东仓、西仓之后而建，依时序称后南仓，街依仓名。东南部原有一个长条形水塘，为明朝修建城墙时挖成，1952 年拆除城墙、填平水塘，形成大片空地。1979 年建后南仓小区，1983 年竣工。

后南仓

漕运衙署周边街道

司空分署街

司空分署街位于通州区西北部。东起北大街，西至西塔胡同。因街中部分侧明朝设置的司空分署衙门，故名。

明朝此处曾设工部分署，是工部的派出机构，掌管通州重大工程，因西周管理工程的部门称司空，因此称司空分署。司空分署掌管通州修葺城池、堤岸、闸坝等工程，分署设立后，署前逐渐聚集民众，形成一条东西向的街道，遂以机构命名为司空分署街。

万历三十八年（1610），工部郎中陆基恕在司空分署街东端正中修建奎星楼一座，文人墨客去文庙祭孔必经此大街，穿此楼通道而西再北行入庙，故楼名奎星以鼓励士子上进。奎星楼楼基上端西侧拱门上嵌有石匾额，刻有“司空分署街”字样，传为严嵩手笔。又因街在奎星楼之西，故又俗称奎星楼胡同。清乾隆三十九年（1774），奎星楼起火，上二层尽毁而未复建，只存翁洞，此后俗称渐泯灭，乃独称司空分署称街一名。清朝灭亡后，司空分署改建为县立小学校，即今司空分署街小学。

四员厅街巷

四员厅胡同

四员厅胡同位于通州城区南部，清朝在此设仓场总督衙门，简称仓场署。由仓场侍郎、巡仓御史四名官员同理漕运粜米、监督河道及漕运和仓储各厅署官员。署内驻有理事厅一室。四名官员在此共议管理漕运、仓储事务，故俗称四员厅。光绪二十七年（1901），京津铁路畅通，漕粮由天津以火车直运至北京各仓，北运河停漕，通州仓场被弃，仓场总督衙门失去存在价值，渐作他用，周围开始出现民房，形成街巷，依厅而名四员厅胡同。

贡院胡同

贡院胡同位于通州区西北部。旧城东北部，北大街中段东侧。东自天后宫胡同，西抵北大街，与贡院前街组成“丁”字形。因贡院得名。

此处明朝曾设有察院。嘉靖七年（1528），巡仓御史吴仲在通州主持重修通惠河及大运河北端码头石坝、土坝等大型水利工程时所设，位于旧城北大街之东侧，为巡漕御史来通办公之处。

清初，此处改作试院，是顺天府境乡试的场所，生员（秀才）

每三年于此参加乡试，考中者称为举人，再入京城参加会试，考取贡士，由此而称试院。而各州县生员于此考试而升入北京国子监读书者称为贡生，故而试院又称贡院。此后，在贡院两侧及正前逐渐形成两条街巷，横向者称贡院胡同，纵向者称贡院前街。

康熙十八年（1679），通州发生强烈地震，贡院厅堂号舍尽毁，二十一年（1682），知州于成龙组织复建，后又经乾隆、道光、同治、光绪多朝屡次重修，规模已仅次于北京贡院。光绪二十六年（1900），八国联军自天津进犯北京，攻陷通州，贡院被焚。二十九年（1903），通州官立小学堂在贡院废墟上设立。民国二十五年（1936），学堂改名河北省立通县女子师范附属小学校，俗称贡院小学，至今仍存。今清朝贡院北围墙尚余残段。

官园

通州区官园

官园胡同位于通州区西北部，新城西部。在新华大街西段之南。东起新仓路，西行后分折南北两巷后再并西折至帅府街。清朝西仓监督署驻此，其南为坐粮厅署，二署间是原帅府花园，由二署官衙共同享用，游赏作乐，俗称官园。光绪二十七年（1901）北运河停漕，漕运衙署撤销，花园逐渐变成菜圃，官署易作民居。1913 年前后在花园以北形成几条小巷，合并之后以官园命名。

官园胡同东侧有通县师范学校，创建于 1914 年，初称京兆男子师范学校，是北京地区最早建立的中等师范学校之一。1928 年改称河北省第十师范学校。

商业字号

古老的通州因“漕运通济”之义而得名，更因皇家码头而成为仓储的重地、江南塞北物资交会的枢纽。明清漕运兴旺鼎盛之时，往来的官、商、客船每年达数万只，通州城商贾云集，市肆繁华。漕运码头、客货码头及粮仓、木厂、盐场、砖场、货栈兴建多处，各类市场遍布城关，不仅推动了南北物资的交易流转，而且带动了整个通州城的商业兴旺发展。清咸丰十年（1860）以后内忧外患，商户屡遭劫难。随着公路和铁路的兴建，北运河漕运终止，易货贸易日渐凋零。1935年日军侵占通州，在当地大肆倾销日货，传统商业遭受重创。直到中华人民共和国成立后，恢复市场环境和机制，又几度改革，通州的商业才得以复苏和发展起来。

漕运繁荣的通州码头和仓场

漕运码头

通州漕运码头在历史上曾发挥巨大的作用，是最为重要的运河文化遗产之一。通州城漕运码头形成于明代中期，嘉靖七年（1528）之前。漕运通畅时期，漕粮和各种物资通过运河在通州的码头上岸。这些物资有的是供皇家专用，有的是军用，有的是民用，不同的物资所停靠的码头有所区别。依照等级制度与河道通航优劣情况，统治王朝将各个码头分而设之。自较靠近上游的宫廷皇家码头起，至下游的民用客运、货运码头，沿河绵延数十里。

《通州志》中记载："城北五里许，河水萦回，官柳民田，阴森掩映，黄艇千艘，彩饬龙凤之形，长泊于此，名曰黄船坞是也。"此处所说即通州城北运河北端为"柳荫龙舟"的黄船坞码头，它是清朝廷派往江南购置宫廷御用品的船只停泊的码头。此处风景优美，是通州八景之一。

自黄船坞向南设有两座专用码头，一处是接收南方运来的贵重木材而用，称作皇木码头；另一处是接收南方所造金砖而用，称作金砖码头。这两处码头都是用来输送修建京城宫殿所需的砖石木料，故均为皇家码头。

从皇木码头和金砖码头南下，在通惠河口附近设有两座码头，为漕粮上岸的专用码头。北为石坝，南为土坝。《通州志·漕运志》中记载："通之水利，漕河为大。东南粟米舳舻转输几百万石，运京仓者由石坝，留通仓者由土坝。故通于漕运，非他邑比。"由此可见，石坝和土坝两个码头都为接收漕粮而用的码头。经石坝码头收验后的漕粮，自通惠河运往京城的国仓，经土坝码头收验后的漕粮运往通州的国仓进行收储。石坝和土坝毗邻皇家码头，位于河道浅滩的北侧，既保障了漕船不会被商、客船阻塞延误，又使其通航在较深河道中，尽量避免了淤泥厚重而发生的搁浅，从而也显示了漕运对朝廷的重要地位。因为漕粮不仅关系着官俸军饷、京城民生，同时也关系着统治王朝的命脉，甚为重要。

土坝码头（拍摄时间：1900年）

在石坝码头的南端，运河与通惠河交汇之处建造有一座特别功用的滨河楼，名为大光楼。大光楼始建于明嘉靖年间，同治十一年（1872）重修，楼体上层歇山脊，单层双滴水，面阔三间，进深三间,四面有廊带护栏,具有独特的建筑风格。大光楼的“光”字读“广”的音，应“广”的义，取宽广之意，是期待大运河河道宽广畅通，漕运过程顺利，漕粮可及时抵达，使社会安定，政权稳固。明清时期朝廷所派驻户部坐粮厅官员就是在此验收漕粮，所以这座楼也被称作验粮楼。

在漕运码头的南端设有潞河驿站码头，位置约在今赵登禹大街 5 号院东侧 50 米处。潞河驿被称为京门首驿，是一个较少见的水陆两用驿站。外国使节经水路进京均在此上下船，这里是使节入京的最后一驿，也是出京的第一驿。

此外，还有商货用码头和客船码头。它们都位于运河浅滩的南侧。河道深广处为货运码头。各种商船的数量远比漕船要多得多，运来的物资种类繁多。货商交易自由，众多货船停靠在码头边绵延千米之长。客船码头在货船码头之南，大约在永顺镇的小圣庙村及大棚村一带。因往来商旅人数众多，码头附近一派繁荣景象。码头边的小圣庙供奉龙王，旅客在此进香祭拜，祈求水陆平安。小圣庙因香火旺盛，在其附近形成了不小的市场，渐扩成村庄，并以庙得名小圣庙村。而大棚村是由关帝庙前的大茶棚而得名。众多的南方商旅在武财神关帝庙上香祈福，求关老爷庇护除煞，财运亨通。

通州还有张家湾、西集、漷县域内的不少码头。张家湾先于通州而成为重要的码头和物资集散地。在通惠河疏通之前，运输皇木、金砖的码头曾经设置在张家湾地区。元世祖至元三十年（1293），郭守敬主持开挖的通惠河疏凿告成，此处成为水陆要津。至明中期，通惠河失于修浚，经运河往来的人客与物资，必须停留此处。嘉靖六年（1527），通惠河疏浚，漕船方可直达通州，但遇通惠河淤塞或枯水时期，仍以张家湾码头为转运站。朝廷在此建有通济仓，设有皇店、宝源与吉庆二榷税、通判都司、巡检司以及盐仓批验所等官署。因有专门的物资运输和加工，曾有皇木厂、木瓜厂、盐场等库，围厂渐渐发展成村落并以此为名，如皇木厂村。皇木厂顾名思义是转储修建京城御用的木料，现在在当地还存有“先有皇木厂，后有北京城”之说。

除了商船运抵的货物外，漕船随带的南方货物也数额颇大。明代已经形成漕船随带商货的成规。如明成化年间，每船准许夹带土特产品十石，嘉靖末期每船准带四十石，万历年间，每船可带到六十石。到了清朝，朝廷放宽漕船夹带数量，而且免税。雍正七年（1729），每船可顺带土产一百石，次年增到一百二十石。乾隆二年（1737），可带一百六十石。道光八年（1828），每船每次被允许顺带的土产达到最高峰，为一百八十石。漕船所顺带的物资与商船运来的货物，在码头形成百货的集群，明词赋《皇都大一统赋》中描述运河码头处堆积着很多的珍奇异产，如绸缎、彩锦、珍珠、翡翠、玛瑙、瓷器、木器、果品、药材等等，百货堆积得就像山丘一样延绵不绝，一派大都气象，可谓壮观。后清康熙年间的朝鲜贡使也曾有过记录：市肆丰侈，杂货云委，或聚在船上，或积至路边，车运担负，不可尽数。可见明清时期通州的货运码头已是货多如山、人流如织了。

清康熙年间漕船数量表

编号	漕帮名	分帮名	船只数量
1	直隶（1帮）	通州右所、天津左所	72
2	山东（10.5帮）	济宁前、济宁后；东昌前、东昌后；临清前、临清后；德州一、二、三；沂州	815
3	苏州府（21帮）	苏州前、后；淮安一、二、三；扬州头、二、三；江阴前、后；镇江前、后；江淮一至九	1629.5
4	浙江（21帮）	嘉白；金衢卫；嘉海卫；嘉兴卫；杭海一至四；处州前、后；绍兴前、后；台州前、后；温州前、后；宁波前、后；湖州头、二、三	1634
5	常州府（18帮）	府前一至九；府后一至九	1404
6	松江府（9帮）	兴武一至九	699
7	湖广江西（19帮）	湖南头、二、三；湖北头、二、三；九府前、后；江西；吉安；广州头、二、三；安福；抚州；广信；潞州；勇健头、二	1482
8	安徽（16帮）	安州前、后；宜州前、后；介阳；舞平前、后；滁州前、后：泗州头、二；双凤头、二；芦州头、二、三	1246
9	河南（9帮）	睢宁、沈丘、商水、汝阳、信阳、安山、恩县、固始、光州	709
10	押护漕帮香火船	—	72
合计	—	—	9762.5

清道光九年（1829）漕船数量及规定到达通州日期表

编号	编制粮道名称	漕船帮数	漕船数量	至通日	滞通
1	山东	10	646	农历三月初一	10天
2	河南	10	276	农历四月初一	10天
3	江安（江苏、安徽江北部分）	49	2663	农历五月初一	10天
4	苏松（江苏、安徽江南部分）	9	522	农历五月初一	10天
5	浙江	21	1817	农历六月初一	10天
6	江西	13	638	农历七月初一	10天
7	湖北	3	180	农历八月初一	10天
8	湖南	3	178	农历九月初一	10天
合计	—	118	6920	—	—

如今，通州码头“市肆丰侈，杂货云委”的盛景虽已不再，但是在这里修建了运河文化广场、万亩滨河森林公园，推出了“漕运码头”影视基地、运河文化体验中心、运河国际体育城、古船游等休闲娱乐项目，还有“三教庙”、大光楼等古迹可供游览。现今的这里是一所天然氧吧，形成了一河两岸桃柳映岸、榆桥春色、茶棚话夕、皇木古渡、长虹花雨、月岛画境、湿地蛙声、半山人家、银枫秋实、枫林茗香、大棚囤贮、风行芦荡、丛林欢歌、双锦天成、明镜移舟、平林烟树、枣红若涂、高台浩渺的迷人景致。

漕运仓场

通州北运河通航最重要的目的是进行漕粮运输，漕粮运抵上岸后最紧要的则是收储入仓。所谓“漕主运，仓主收”，关系到国泰民安的漕粮，需要及时运往京、通各官仓。漕仓初期的作用是中转储藏，而后逐步发展，具有了提供军需、京师保障、赈济灾荒、平衡粮价、稳定市场等多重功能，起到了至关重要的作用。

元、明、清时期，每年从浙、赣、皖、湘、鄂、鲁、豫源源不断运来的几百万石漕粮，其中近半储存于通州。通州城郭也应粮仓的扩张进行了多次修葺和扩建。金迁都中都（今北京）后，从秦淮以北各地漕运粟米到通州。漕粮经由码头验收、卸船上岸、分装、搬运后再转运到中都。转运方式有陆路和水路，陆路转运主要靠大车，水路转运方面虽然开凿了金口河、闸河，但运力有限，所有的粮食不可能全部即刻转运，要暂时存放在通州，因而金朝在通州设置了三座中转仓，名为太仓、丰备仓、通积仓。

元朝以后多以水运为主，经白河运至张家湾，转至通州。在通州设中转仓十三座，仓名十分吉祥，分别为乃积仓、乃秭仓、富衍仓、富有仓、及衍仓、庆丰仓、延丰仓、广储仓、足食仓、富储仓、有年仓、乐岁仓、盈止仓。延祐六年（1319），在张家湾、漷县增设丰备、通济、太仓三座仓场，以供大都（今北京）之需。

明朝，设在通州的官仓就不再是中转仓的性质了，而变成了终储仓。京仓为朝廷的内仓，通仓为朝廷的外仓。这时，通州的粮仓地位更加凸显，因而成了北方游牧民族掠夺的重点，军事和

八国联军占领后的通州漕仓（拍摄时间：1900年）

经济地位就变得极为重要——“上拱京阙，下控天津，实畿辅之襟喉，水陆之要会”。明朝将京城、通州官仓的作用进行了严格划分。将设置在通州的官仓明确规定为军仓，守卫京畿和长城边关的军队所需军粮要到通州仓来领取。明代每年运粮五百万石，其中运储京仓大致百分之六十，运储通仓大约百分之四十。永乐五年（1407）设通州左卫，置通州左卫仓。永乐十六年（1418）置通州通济仓。宣德六年（1431）添置通州仓。正统元年（1436）方定通州大运西仓、大运中仓、大运东仓名称。此后，天顺四年（1460）增建大运南仓。

大运西仓，俗称太仓。在原通州旧城西城垣南段以外。明永乐七年（1409）建，占地面积33.25万平方米，周围以墙围绕，设有西、南、北三门。正统十四年（1449），因仓廒在旧城外不利于防护，则建筑新城，并将西仓圈入城中。同时设置了通州卫、

西仓大门（拍摄时间：1900年）

通州左卫、通州右卫、定边卫、神武中卫和武清卫六座卫仓。嘉靖二十八年（1549），大运西仓有仓廒97座，屯基844个，仓房2 018间，为仓廒最多之时，是通仓中规模最大的一座粮仓。

大运中仓位于旧城南门内迤西。明永乐设置，占地面积约12万平方米。周围以墙围绕，设东、南、北三门。内设通州卫、通州左卫、通州右卫、定边卫、神武中卫五座卫仓。明嘉靖二十八年（1549），有仓廒45座，屯基222个，仓房723间。

中仓仓墙遗址

大运东仓，在旧城南门内以东，原草厂胡同内。明永乐年间建成，为神武中卫仓。嘉靖二十八年（1549），有仓廒15座，屯基108个，仓房205间，在隆庆三年（1569）并入中仓。

大运南仓，又名后南仓，在新城南门内西侧。天顺四年（1460）增建，内设通州卫、通州左卫、通州右卫、定边卫四座卫仓。明嘉靖二十八年（1549），有仓廒28个，屯基292个，仓房615间，是仓廒最多之时。

清朝基本沿用明代粮仓，合并为两仓——大运西仓和大运中仓。为保卫和管理通州的漕运和粮仓，清政府曾经对通州新、旧二城进行过修葺。乾隆三十年（1765），拆去旧城西城墙的南部城墙和新城东城墙，新建两城南部城墙和北城墙，使新、旧城连通，合而为一，开设五座城门。通州自建城之后，即为京城仓储重地、大运河终点码头和水陆枢纽，明清两朝大小几十次修缮，终成清末刀字形的城市格局与规模。为保障漕粮粮仓的正常运转，城中设立各官署，有仓场总督衙门、州署衙门、户部坐粮厅署、大运西仓监督署、大运中仓监督署、东路厅署、州同署、理事厅署、州判署、左营都司署、右营守备署及县衙等。

因河而设的仓场，成也运河，败也运河。随着清末铁路等交通的发展，漕运停止，仓场逐渐被弃用。到如今，大部分遗址不存，有的只剩残存仓墙，难见往昔之荣。

集 市

京杭大运河的贯通给通州商品交流带来了繁荣，在通州码头上岸的商船货物与漕船所夹带的南方特产物资品类众多，米、茶、糖、油、酒、食、果、纸张、竹藤器、瓷器、木器、药材、工艺品、丝绸缎锦等，有百余种。此外还有外国洋货，塞北的皮毛、牛羊、革筋、山珍等。这些庞大的货物集群，催生了周边运输业、手工修造业、餐饮业和其他行业，也带动了本地的物资交易。

清中期，通州有粮栈、麦子店、茶局子、瓷器店、木店、干鲜果商、布商、烟酒商，饮食业及澡堂、旅店、货物转运栈等服

北运河通州段岸边的集市

务业数百家，分布在北关、牛作坊、前后窑、皇木厂等地段。最兴盛时期在咸丰年间，来往运货的骆驼长年不断，那时的运输工具一般短途用大车，远途用骆驼。通州旧有复兴店、天庆店、通顺店、聚和店、德隆店、二义店等众多骆驼运输商。当中规模较大的天庆店自养骆驼达数百头。众多的货品在通州进行物资集散和分销，进而在通州城内外逐渐出现了许多商品交易的货栈和市场。为方便交易，逐渐固定开市时间、地点，形成传统集市若干。

据通州史料记载，传统集市有张家湾集、西仪集（今西集）、东仪集、肖家林（肖林）集、弘仁桥（马驹桥）集、漷县集、永乐店集、德仁务集、马驹桥集等。州域内所设市集变化不大，数目略有增减，各集集日在乡村中皆有定期。据乾隆时的《通州志》载，通州州域乡村有张家湾集场，逢农历单日为集；燕郊集场，逢农历一、四、六、九日为集；弘仁桥集场逢农历二、五、七、十日为集；西仪集集场，逢农历二、五、八日为集；漷县集场，逢农历双日集期，在县府前与南街轮当；永乐店集场，逢农历单日为集；马头店集场（今马头），按日早集期；牛堡屯集场，逢农历一、三、五、八日为集；于家务集场，逢农历二、四、七、十日为集。共记述 9 个集场。《（光绪）通州志》载，在州城北街大关庙增钱市外，其余未变。在州域乡村仍为 9 个集场，而张家湾集除集场外增加菜市、猪市、草市、骡马市，地址在张家湾南门外大石桥。民国年间的《通州志要》记载，设 6 个集镇，即张家湾镇集、燕郊镇集、西集镇集，永乐店镇集、牛堡屯镇集、马驹桥镇集。各镇繁荣情况，马驹桥居首，西集居次，按序为永乐店、燕郊、牛堡屯，张家湾则居其后。除6个集镇外，各村成立集市，有马头集，逢农历二、四、六、八、十日为集；谭台集逢农历三、七、十日为集;漷县集，夏、秋二季设集，逢农历二、四、六、八、十日为集；葛渠集，逢农历一、五、九日为集，于民国二十八年（1939）移至尹各庄；尹各庄集逢农历一、五、九日为集，共11个集市。

中华人民共和国成立后，除燕郊、谭台划归河北省外，各集场仍存。1950年6月，通州镇成立市场管理委员会，统一管理集市贸易，促进城乡物资交流。此后三十年间几经取消和恢复：1958年取消集市和市场，农副产品主要由供销合作社收购。1960年12月，为调整经济、提高人民生活服务，恢复通州镇东关、西集、马头、牛堡屯、马驹桥、永乐店、张家湾等集贸市场。1966年，集贸市场再次停顿。1979年初，重开集市贸易，并增加次渠、觅子店、徐辛庄等乡镇所在地集贸市场，全县集市各有集期，县城设有南大街、北大街、永顺西街、西海子西街、结核病院、东关、九棵树、新城东里、半壁店大街、中山大街、新惠路、玉桥中路、玉桥西路、科学院印刷厂等市场，以及鸽子市、宠物市场等。20世纪90年代建成通州八里桥农副产品交易市场、八里桥木材交易市场、金三角工贸城、张家湾生产资料交易市场、马驹桥兴华市场等大型交易市场。

马驹桥集市

属马驹桥镇。元朝时期，浑河（永定河）经此，故架木桥于浑河之上，名马驹桥，又称“压浑桥”。“凡外部郡畿内之人，自南而来者，东西二途须经此渡”，马驹桥成为京东南交通要冲，商贾行旅于此以转元大都。明朝天顺七年（1463），拆去木桥，改建九孔石桥，明英宗以广施仁政之意，赐名弘仁桥。清康熙年间，此处集市称弘仁桥集，集期为逢农历四、九日。乾隆三十八年（1773）逢农历二、五、七、十日为集。据《通州志要》记载，1913年，设6镇，马驹桥繁荣程度为六镇之首。集贸交易以牲畜、粮食、蔬菜、肉类、布匹、杂货为大宗，木材市场为独有。1980年，集市贸易仍沿古市，在漷马公路所经南北大街两侧设市。在1984年和1995年分别投资新建商业街，形成以服装、食品、工副业产品为主的大型市场，为环形商业网络，逢农历一、三、六、九日为集日，一、六为大集。1996年交易额达3 300万元。

张家湾集市

属张家湾镇。在辽、金时期，这里即为漕运通道，元朝时通惠河至此入白河，东南粟米漕运经此直抵大都（今北京）。万国朝宗、四方贡赋、商贾行旅都经此抵达大都。明嘉靖四十三年（1564）建城以护通济仓，为水陆要会、百物所聚之地。《通州志略》载，张家湾日日为集。《（乾隆）通州志》载，张家湾集场逢农历单日为集期。至光绪末年，漕运终止后，坐商仅有 30 余家。1949 年，以萧太后河为界划分南北两部，南部为集市。1984 年改造张家湾旧镇，规划建设新镇，集市贸易有很大发展，到 1995 年建成占地面积 12 000 平方米的农贸市场，逢农历三、八为集。

牛堡屯集市

属牛堡屯镇。清乾隆年间，始在牛堡屯中街设集市，逢农历一、三、五、八为集，到光绪末年有坐商 20 余家。民国初年是六大集之一，集期未变。1989 年，在集镇规划基础上，改造扩建商业街及铺面房，投资 40 多万元，将沿街农贸市场迁移至北面空地，修建商业门店 1 200 平方米，有摊位 900 个，逢农历一、六为集期，以经营服装、食品、蔬菜、农副产品、手工业品为大宗。

西集集市

位于通州古镇东南 21.5 公里，属西集镇。清康熙以前即已形成集市，名西仪集。据《通州志要》载，集期为农历二、五、八、十日。以经营牲畜、粮食、蔬菜、肉类、布匹、杂货为大宗，计有烧锅店 3 家、粮栈粮行 20 家、摊位 8 家、杂货店 50 余家、小吃店 13 家、大车店 6 家、钱庄 1 家、当铺 2 家、首饰楼 3 家等近 130 家。20 世纪 20 年代组织“十大家商会”，商号多集中在丁字街两侧。20 世纪 30 年代，大商号倒闭，集市贸易锐减。中华人民共和国成立后，集市贸易方得以恢复发展。1989 年按规划对旧集镇进行改造。在镇中心和通香公路西侧建有工副业和农贸两个市场，仍逢农历二、五、八、十日为集。

漷县集市

清康熙年间即有集市，逢农历二、六、九日为集，乾隆时改双日为集，在县衙前与南街轮当，清末集市萎缩成为自然村。此后只由村请准，在夏秋季节作为集市。1978 年，马头人民公社迁驻旧址东 1 公里处，马头集场也迁于此。至 1995 年，建成占地面积 4.75 万平方米的集场，设有固定摊位 500 个，坐商 280 户，逢农历二、七日为集。

永乐店集市

属永乐店乡。明初将原前村、后店和北店三村合并称永乐里，万历皇帝生母慈圣皇太后生于此。每年农历十一月十九日为其诞辰，始有庙会 3 天为其祝寿。后来店铺日增，形成集市，改称现名。清康熙年间，逢农历一、四、七为集；乾隆年间，设永乐店集场，改逢农历单日为集。光绪末年集市坐商有 40 多家。1987 年，进行旧村改造规划。1988 年，投资 70 万元建设占地面积 2.8 万平方米，建筑面积 1 560 平方米的集贸市场，逢农历一、三、六、八、日为集，一、六为小集。1996 年交易额达 1 500 万元。

八里桥市场

属中华人民共和国成立后的新型市场。因靠近历史名胜“八里桥”而得名。1991 年始建，1992 年 8 月开业，建筑面积 10 万平方米。市场北靠京承铁路和京哈高速公路，西南近京承铁路通州西站，南通新华大街，为连接北京、河北、天津的交通枢纽，是东北、东南各省市客贸进京的中转站，是京东物资购销集散的重要场所。市场设 7 个经营区、1 个生活居住区，经营范围主要是蔬菜瓜果、水畜产品、粮油食品及日用百货、五金交电、针纺织品、服装鞋帽和饮食服务等 16 大类，3 000 多个品种，以农副产品为龙头的大型综合批发交易市场，固定摊位 2 200 多个。货物可用火车直接运入货场，年吞吐量 80 万吨。除建有全封闭设施外，还有停车场、旅馆、饭店、供水、供电、供暖等设施，并有电信营业厅、程控电话、邮政所、银行储蓄所等。国内 20 个省市客商及外商投资经营，各种公司 170 个，日客流量最多 3 万人次。1995 年成交额 6.9 亿元，占全县集市贸易成交额的 60.1 %，是国内贸易部批准的第一批中央级农副产品批发市场。1994 年，被北京市商委评为“北京市销售服务效益先进市场”。1995 年，被评为“1993—1995 年度全国文明市场”。

金三角工贸城

中华人民共和国成立后的新型市场，位于京、津、冀交界处。

1992 年始建，占地面积 26 万平方米，建筑面积 7.7 万平方米，总投资 2 亿元，是集现代工业、金融、商业、饮食服务业为一体的生产、批发、零售综合市场。城内有独资、合资企业 6 家，生产经营出口服装。有坐商 450 家，市场摊位 1 200 个，日成交额 30 万元。城内水、电、暖、交通、通信、娱乐设施齐全，是农村城市化的工贸城。

中山街市场

中华人民共和国成立后创建的新型市场。东起车站路，西至通州第二教师进修学校。1985 年始扩建为市场，占地面积 7 000 平方米，为当时城内最大农贸市场。设亭 110 家，摊位 210 个，主要经营农副产品，日均交易额 6.12 万元，日客流量达 1.8 万人次。

新城东里市场

东起京秦铁路通州站东 100 米，西至新城南路，长 576 米，宽 11 米，占地面积 6 336 平方米。1987 年辟为农贸市场，设售货亭 75 个，摊位 225 个，主要经营农副产品。1995 年日均交易额 8.9 万元，日客流量 2 万人次。

潞河商市

俗称商业街，位于新华大街北侧，西海子西街上，全长312.7米。1985年1月始建，1986年8月31日正式开业，商业群体以集体和个体经营为主。1995年，改建为楼房，主要经营各式服装和其他日用品，南端修建一座五层过街楼，名潞河商场。日均交易额7.5万元，日客流量2.47万人次。

老字号

金、元、明、清八百年间，通州为京畿要邑。漕运盛行时，这里是“南北水陆要会”，官船客舫、漕运舟航汇集之地，弦歌相闻，最为繁盛之所。明、清，通州店铺栉比，百货争奇。本地特产有张家湾葡萄、西集大樱桃、通州老窖酒，更有“通州三宝”，极负盛名，它们是大顺斋的糖火烧、小楼饭店的烧鲇鱼、万通酱园的酱豆腐。

大顺斋

颇负盛名的清真风味糕点传统食品老字号。创建于明崇祯十年（1637），迄今已近400年的历史。明崇祯年间，南京上元县

民国时期的大顺斋店铺

（今江宁县）回族人刘刚随漕运粮船北上，在通州回民聚居的安家大院落户，1637 年开设南果铺，以其乳名大顺作为店名。清乾隆年间，在回民胡同临街建门面房，木门上方嵌砖匾“大顺斋”三字。前店后厂，创制风味糕点——糖火烧。大顺斋糖火烧的制作极为严格，每道工序从不草率，配方精当、操作精细，火烧深棕色，内外如一，味道香甜。

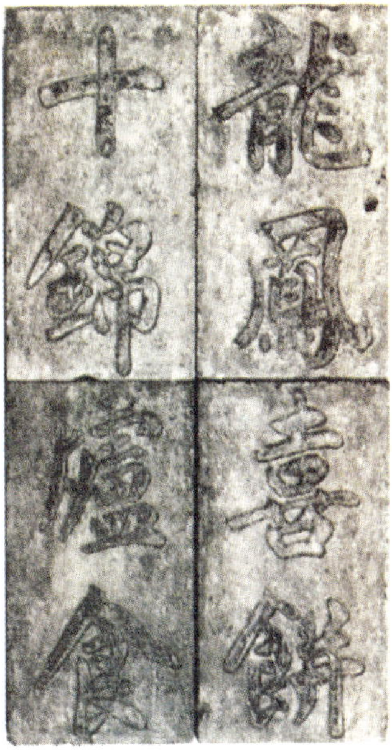

大顺斋砖联

民国初年，大顺斋在战乱中被焚毁，元气大伤。1955 年公私合营，改名为通州大顺斋糕点厂。1958 年转为国营。1980 年 7 月 1 日，恢复了老字号“大顺斋”的称号，在南大街 225 号重建大顺斋糕点铺。1981 年后投资 130 万元建新厂，占地面积 12 300 多平方米，建筑面积 4 700 平方米，设立 4 个生产车间，100 多台机器设备，制作清真及中西式糕点达 140 多个品种，年总产量 406 吨。20 世纪 80 年代以来，大顺斋生产的食品多次被评为北京市优质产品，其中元宵获北京市一等奖，糖火烧、核桃薄脆在首届全国食品博览会上首获银牌和铜牌。1990 年第十一届亚运会期间，糖火烧、芝麻火烧、五字饼、甜威麻饼等 15 个品种被指定为运动会伊斯兰餐厅专用食品。同年被评为“北京市优秀食品老字号”。1993 年 12 月 6 日，中华人民共和国国内贸易部认证“大顺斋”为中华老字号。

小楼饭店

通州小楼饭店坐落在运河畔，位于通州旧城，闸桥以南，回民胡同西口路南，今南大街 12 号。饭店原名为“义和轩”，为清真饭店。创立时间不详，有的说是清光绪二十六年（1900），有的说更早到道光、咸丰年间了，有待史料考证。创办人是“厨子李”四兄弟：李振钧、李振荣、李振富、李振宗。四兄弟得意于手艺好，渐渐有了名气，捧场的人便多起来。民国初年，“义和轩”从一间门面，两间勾连搭房扩建成一座两层小楼。小楼玻璃门窗，木质结构，悬山飞檐，颇为典雅，得名“小楼”。楼上坐望，向北可见燃灯佛舍利塔，西眺可见仓场，位置通达便利。

餐馆要想吸引顾客，就要有拿手菜。由于小楼饭店守着北运

小楼饭馆（拍摄时间：约20世纪50年代）

现代的小楼饭店

河，运河盛产鱼虾，尤以鲇鱼为最有名。因此小楼就地取材，在烧鲇鱼上下了一番功夫，创出了“烧鲇鱼”这道名菜。烧鲇鱼是把鲜活鲇鱼去头去尾留中段，用绿豆淀粉裹衣，香油红烧，急火多次过油，加入辅料勾芡出锅。烧制出的鲇鱼香酥爽口，鲜嫩味美，一时间名声大振，大街小巷交口称赞，许多食客慕名来品尝。随着烧鲇鱼的叫座，小楼饭店又创出了滑熘鲇鱼片、连刀烧鲇鱼等美味佳肴。

1956 到 1986 年间，小楼饭店两次在原址扩建，仍以“小楼饭店”为名，“义和轩”之名倒被淡忘。“小楼饭店”现为一座颇具清真建筑风格的大型饭店，占地约 2 000 平方米。真可谓小楼其名，大楼其实。今日的小楼饭店与古老的通州构成了时代的韵味，更以独特的地方风味，迎接八方的来客。

万通酱园

由祖居通州的回民马兆丰创办于民国七年（1918）。当时的万通酱园是前店后厂，作坊占地17亩，腌缸400多口，3间门面房。主要产品有酱豆腐、酱油、醋、黄酱、酱菜5大类，最著名的产品为“通州腐乳”。当年万通酱园曾为吴佩孚和冯玉祥的驻军部队供应咸菜和调料，稳定了客源，扩大了销路，增加了收益，生意日渐兴隆。万通酱豆腐起初是利用江南地区的酱园作配料。因马兆丰听说浙江绍兴的腐乳最有名，便利用运河船费低廉的有利条件，派人到绍兴惟和酱园采购生产酱豆腐的坯料。当所需坯料于绍兴装坛后，运至杭州码头，溯流北上，历时月余。坯料在船上，吸江河之灵润、聚日月之精华。当坯料北上进厂后，投入酒麯、黄酒等佐料，封坛用太阳曝晒，成熟入库，历时一年，佐料的滋味完全浸入腐乳之中。其成品质地细腻，芳香扑鼻，别具风味。从20世纪20年代起，就享誉京畿。“通州腐乳”与大运河紧密相关，凭借大运河，成为南货北植的典范。1939年，运河上游山洪暴发，河床被泥沙淤塞，航运从此中断。万通酱园开始自己产坯料，探索制坯、发酵和制曲工艺，从而保持了通州腐乳的风味与特色。万通酱园曾经聘请懂经营、会管理的大掌柜代为经营。先后有杨善卿、从寿臣、高振声三位掌柜执掌。

1956年，公私合营，当时的河北省通州市政府对糕点、糖果、酱园三大行业的几十家厂店合并，组建“通州糕点酱业总店”。其中的万通酱园，仍由原掌柜高振声任经理，通州腐乳仍维持传

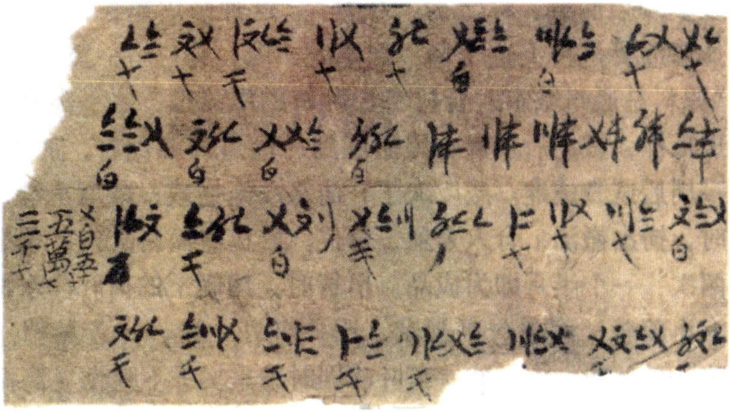

通州万通酱豆腐秘方

统生产工艺和产品特色。1958 年，通州划归北京市后，从通州糕点酱业总店分离出“通州食品厂”，其中酱菜车间仍以万通酱园为主体，保留其产品的传统风味。1970 年两项新工艺“通风制曲”和“通州腐乳 1 号汤料”曾被评为北京市科技发明二等奖。2000 年，厂房迁到通州经济开发区，并转制为股份制企业，更名为“北京仙源食品酿造有限公司”。在此后的两年时间里，建成一座占地 2 万平方米、总资产 1 100 万元的现代化调味品生产企业，厂房设备和生产技术提升到一个新的水平。继承了老字号的“重质量、讲信誉”的传统，2001 年，国内贸易部授予“仙源牌”酱油、米醋、黄酱、腐乳为“中国放心调味品推荐品牌”。

民俗方言

通州地区与大运河相关的民俗活动，保留至今的有开漕节和有300多年历史的运河龙灯会。“开漕节”是通州古代独一无二的节日和民俗。然而随着清末民初军阀混战、铁路的铺设通车，使大运河逐渐失去了商业运输的功能，但是这个节日记录下了大运河北端独有的运河文化。“通州运河龙灯会”与其他地方不同，这里的龙灯是与众不同的蓝色。蓝是水的颜色，蓝色的长龙象征着大运河。运河龙灯会的仪式寄托着通州人家对运河的敬仰和对美好生活的期盼。此外，通州的民俗中，除婚丧礼仪、岁时节令与大部分北方地区相同或相似外，最有特色的则是本地庙会与花会活动，它们融于通州百姓生活中，为人们所喜爱，世代传承，具有浓浓的地方特色和民族风情。

民　俗

开漕节祭坝

开漕节是古代通州独有的民俗节日。明朝时由于漕船太多，航程远近不同，为规范漕运秩序，当朝规定了各帮漕船到达通州的日期。如每年农历三月初一始，河南、山东各帮运粮漕船需陆续到达通州。至五月初一，江南、江北各地运粮船帮需抵达通州；六月初一始，浙江、江西、湖北顺次至通州。最后一批粮船限定在十月初一前返归准备来年的运粮。各粮帮船在通州仅可逗留十日，到期必须及时返航，整个漕运秩序因此井井有条。清袭明制，也作如此规定。因此对于通州官民来说，每年农历三月初一是个漕运繁忙的起始日期。那时黄河以北的大运河冰凌已经消融了，距离北京最近的河南、山东的漕船就可首批抵达，开启了一年一度的大运河漕运和仓储活动。这一天，通州人都会在通惠河上举行一个别开生面的“开漕节”仪式,以示庆贺。本地人把“开漕节”这天的活动也称作祭坝，场面宏大，气氛热烈。

开漕节这天漕运总督、河道总督、户部仓场官员、巡漕御史等漕运官员及其吏役、商户组织代表、百姓一齐聚集在石坝码头处，观看官方的祭祀活动。官员们按照官阶等级列队，向吴仲牌位举行拜祭仪式。据《明史·河渠志》记载："大通桥至通州石坝……自此漕艘直达京师……人思仲德，建祠以祀之。"《日下旧闻考》："通惠祠，嘉靖四十五年建，以祀监察御史吴仲。"因为，明巡仓直隶监察御史吴仲坚持从国家利益出发，力主彻底重修通惠河，并得到明嘉靖帝批准主持重修工程。嘉靖七年（1528）治河成功，不仅将通惠河河口从张家湾北移到通州旧城北门外迤东，还将通州至张家湾的河道进行了疏治，使漕船及其他各种船只可直接开到通州城，减少了陆路运输的艰难和费用，水运也畅行无阻，繁荣了京畿的经济和文化。因此，通州的商民在嘉靖二十五年（1546）集资修建了一座吴公祠，用以祭拜和颂扬他的伟大功德。《通粮厅志》载，每年祭坝毕，在北督储馆（又称石坝御门）公宴。公宴是官员们的活动，各路商人则去城内各饭馆、酒楼吃喝，熙熙攘攘的游客们喜欢到运河边的饭棚子吃刚出水的烧鲇鱼、喝鲜鲫汤、品尝各种小吃。通州百姓也都把这天当作过节，要燃放"万头鞭"、进行民间花会竞演、用过节饭。各家商铺施茶献果，商船掷银捐物，热闹场景堪比京城庙会。

"开漕节"之时也是农忙的时候。在码头沿岸还会自发地形成农贸市场，热销城乡居民常用的生活和劳动用品，场面热闹。从这一天开始，官方的漕船、商民的货船、行旅的客船就源源不断地穿梭在通州码头，"帆樯林立人如蚁，万国梯航满潞川"，繁荣盛景一直到年根封河时为止。

通州运河龙灯会

运河龙灯会也是通州运河文化的象征。通州的运河龙灯会距今已有三百多年的历史，又名漷县镇张庄村龙灯会。据传张庄村龙灯表演起源于清道光十五（1835）。其传承方式是师徒相传，至今已有四辈。

通州运河龙灯也许受大运河的南北交通的地理位置的影响，融汇了中国南北方龙灯的特点，龙灯的龙头为方形，龙身为蓝色，较为特殊。国家博物馆曾收藏过两条运河龙灯，龙头重10余公斤，身分7节，长17米。龙头方，口大张，一副呼风唤雨的龙王形象。这里的龙灯龙身为蓝色，代表运河，这在北京地区非常少见。因为通州人认为蓝色能激发想象力，增强斗志，两条蓝色的龙舞动起来可令人感受到积极向上的运河精神。龙脖子处系五个铜铃，当龙腾跃起来后随动作起伏铃声大振，增强了气势。

一般每逢年节、祭祀或发生灾异都要发起龙灯会。比如正月初二、正月十五为节日欢庆、渲染气氛要起会。二月二龙抬头、三月三娘娘庙会为祭祀，祈求风调雨顺、五谷丰登要起会。在闹旱涝和病虫害的年头更要起会，以祈求神灵保佑。定期的龙灯会是每年的农历六月二十四日，也就是关老爷的生日。活动以在关帝庙祭拜为始，既是百姓祈求关帝庇佑，消灾增福的仪式，又是聚合民心，提振精神的民间活动。舞龙时往往使用乐器鼓、钹、铙等来配乐。舞龙套路繁多，有龙翻身、单跳龙把、双跳龙把、龙劈叉、串花篱笆、钻黄瓜架、钻龙尾、甩龙尾、龙打挺、龙盘窝和龙过背等。

龙灯会表演作为民间舞蹈的重要形式，历史久远。西汉董仲舒的《春秋繁露》里即出现了“龙灯”二字，并载有龙灯会在祭祀和庆典时“舞技”的盛况。然而现今，运河龙灯会传承下来的“舞技”和制灯技艺已寥寥无几。为抢救运河龙灯，北京市文化局已将其列入北京市第一批十个民族民间文化保护项目之一，采取资金扶持、培训传承人等保护措施。

通州庙会

通州的庙宇自汉魏时期在大甘棠建立第一座庙宇甘泉寺起，经过唐、辽、金、元、明、清数代，城乡共有寺庙、道观、宗祠等几百座，其中不少庙宇定期举行香场庙会活动，庙会活动始于明而盛于清。庙会期间善男信女前来进香，举行走会、杂耍、演唱等民间花会活动，盛况可观。通州全区有记载的大致有二十多个地方举办过庙会，其中规模最大的是佑民观庙会。其他有影响的庙会还有鲁仙观庙会、永乐店庙会、马驹桥庙会和草寺庙会。

佑民观庙会

佑民观原称天妃宫，位于张家湾镇里二泗村，毗邻运河。历史上漕船经过此地都要泊舟登岸，到佑民观进香膜拜。佑民观是一处四进院落。观前的四柱三楼式牌楼集砖塑、石雕、木刻于一体，精致典雅，颇为壮观。牌楼上有康熙皇帝御笔所提的“保障漕河”四个大字。所以民间有“西有白云观，东有佑民观”的说法。

佑民观牌楼

佑民观远近闻名，是名副其实的京东道家第一福地，香火极盛。庙会不但多而且持续时间长。每年农历正月十五到三十、五月初五开设庙场香会，有北京、天津、河北、内蒙古和山东等地的官民赶来参加。有高跷、小车、秧歌、少林、狮子、大鼓、十不闲、竹马、中幡、龙灯等数十种民间花会表演。届时彩台弦唱，各路花会争先奔赴进香，拜庙娱乐，颇具盛况。

《帝京岁时纪胜》中记载："（里二泗）前临运河，五月朔至端阳日，于河内斗龙舟、夺锦标。香会纷纭，游人络绎。"另有记载："里二泗河神祠四月四日有庙会，祠在张家湾运河之滨。昔年江浙两省漕运皆由内河，粮船至此停泊者数十艘，凑费演戏酬神。"这个四月四的庙会是由来自江浙的船商自己出资组织的，目的是为了感谢河神、海神保佑了遥远旅程中往来货船的平安。

在漕运鼎盛时期，紧邻运河岸边的里二泗玉皇阁是个观赏景色的绝佳地点，明代戏曲家、文学家汤显祖多次往返京城，路过里二泗，下船登玉皇阁，观赏周边美景，并赋诗《出都晚登张湾里二泗道院高阁》:“弭舳聚氤氲，躧舄凌晖皎。旅积方此舒，波情亦堪绕。榛邱见蒙密，重关思窈窕。况此羽人居，青荧满幽眺。双扉永平直,层楼迥飞娇。陵岳翠西矗,河渠白东淼。幢檣密林树，伊优轧鱼鸟。封畛四如画，岐术纷可了。非经灞陵役，复异河阳绕。如何帝乡云,悠然映江表。”明万历进士王嘉谟在他的文集《蓟丘集》中有《里二泗东皇祠下作》一诗，描述了当时佑民观及周边的景致:“柽桐发春华，蔼蔼照中圃。杳渺平湖阔，孤帆逗新雨。中流见古祠，松云澹群树。举酒酬芬芳，村巫起屡舞。雪消蕨初绿，苹香鱼正乳。但醉不须辞，此乐真堪取。”又明顺天府通州人刘廷谏《七月十五日夜泛舟里二泗》一首："早秋十五潞河边，里二滩头一系船。为爱清风消溽暑，更怜明月满中天。涛平千里水如练，云挂孤帆人似仙。有客扣舷解予意，朗吟赤壁不曾眠。”曾经的里二泗，不仅是漕运繁华之地，也是咏史怀古的精神寄托之地。近几年，里二泗村农历正月和五月的庙会也已恢复，但规模及影响已不如从前。

马驹桥庙会

也称碧霞元君庙会。明成化后每年农历四月十五至十八在碧霞元君庙举行庙会。碧霞元君是女仙人，民间习俗凡寺庙内主祀女像神佛称作娘娘庙。每年农历四月十八日是碧霞元君诞辰。届时要举行盛大道场，诵经礼忏，宣行道法，听经围观者众多。信众要餐饮，于是卖小吃者应需而至，开始形成食品市场，逐渐演化，又形成杂货市场，变成庙会集市。本来正式道场香会就是碧霞元君生日那一天，但是根据生产生活需要扩增天数，即四月十五日至四月十八日，形成了当地不可或缺的民俗节日。碧霞元君庙会分内外两场，内场在庙内，十来名道士头戴道冠，身着道服，脚穿道履，手持法器，诵经走场，祭祀各神；众多善男信女，烧香上供，磕头拜神，祈祷保佑，鼓乐喧天，香烟袅袅。外场在庙外，分了四区，有市场区，各种应时日常生产生活用品；有饮食蔬果区；有工匠服务区；有文化娱乐表演区。来自通州及四方男女老少云集碧霞元君庙，听戏、游观、购物，好不热闹。开戏前庙会组织者要在戏楼前埋下木桩，拴根红绳，把男女分开。这一习俗延续到 1948 年。演员多为北京跑大棚的民间艺人，以蹦蹦戏为主。

鲁仙观庙会

鲁仙观位于西集镇新东仪村。每年农历四月二十一至二十四是庙会日，庙会戏楼被粉饰一新。赶庙会的人西至北京，东至东辛集，南至香河、武清，北至三河、蓟县，方圆数十公里数以万计。钱庄、牲口市、粮食市、猪羊市、布匹店、杂货店、饭铺及各种摊贩排出二三里远，尤其以农具交易为最火热。农历四月二十一大戏开台，连演四天。剧种以河北梆子为主，有时也唱蹦蹦戏，剧目是《打金枝》《大登殿》一类。每年农历正月十五、四月廿一庙会之际，盛况空前，游人如云。来自香河、通州、三河、宝坻、武清、平谷、顺义、蓟县等地的商贾百姓都来此交易。观里观外，有卖肉的，卖干鲜果品山货水产的，卖牛马骡驴车马鞍子的，卖席卖篓的，卖糖人面人的，卖文房四宝图书文物的……无所不有。鲁仙观正面有大戏楼一座，庙会期间日夜不断上演各种戏曲。人潮涌动，灯火辉煌。周围有存车处、风味小吃棚摊、修脚理发、打卦相面之类，游人乐而忘返。鲁仙观院墙内外有三口深井，都会被游人喝干。庙会兴旺在1931年前后。20世纪50年代办过几次，后来庙和戏楼被拆毁，庙会随即停办。关于鲁仙观的来历，相传最初是一鲁姓的家庙，至于建于何时尚未有考证。该观毁于“文化大革命”。1974年在此处发现一个香炉，上有“同治十一年”字样，可算是观中一文物，地下有百年古树墩，单仅以此推断鲁仙观的始建年月仍不足以为据。现在鲁仙观原址上建的是西集中学。

永乐店庙会

也称至德真君庙会，在永乐店集镇西口的关帝庙，每年农历九月二十三是庙会日，在庙山门对面搭戏台，由商号请来北京、天津戏班唱戏，方圆数十公里上万人来赶庙会。戏以河北梆子为主，偶演评戏，剧目有《大登殿》《斩黄袍》等。关帝庙在通州区城乡有百余座，其中仅有三座曾举办庙会。庙内主祀三国蜀汉大将关羽。他忠冠一时，气盖千秋，帝王嘉其忠义，奉祀他以求皇图永固；将帅羡慕他勇武，供祭他以求所向无敌；百姓敬重他情深，供奉他以求巩固手足之情。此外，民间又以他为财神，因此无论何界士民都祭祀他。关羽被供祭为神，始于南朝陈时佛教天台宗创始人智顗把他列入寺院守神——伽蓝神。经历朝历代累加封号，合起来为“宣德翊赞绥靖精诚保民护国威显仁勇灵佑忠义神武大帝”，登峰造极，无以复加，封号字数之多，多于佛道诸神，简称之为“关帝”。永乐店庙会属于通州南部较大的庙会。1948年后停办。

草寺庙会

在徐辛庄镇草寺村有座碧霞宫，俗称娘娘庙。该庙建筑规模并不大，有两层大殿和东西配殿。每年农历四月十七至十九举行庙会。赶庙会的商家提前半个月就来抢占摊位。山门里是化妆品和日用品的摊商，山门外是农具售卖和手工修造的摊商。此外还有不少的茶棚和酒棚。草寺庙没有戏台，借用山门外的土坡用芦席、木板临时搭台。请的戏班子来自北京、天津，剧种以河北梆子为主，剧目有《三娘教子》《铁弓缘》等。庙会经常是大戏正在锣鼓喧天的时候，一档子的高跷或者舞狮等花会到来。人们一股脑儿地簇拥到另一边观看花会表演，等这拨花会过去了再返回去看大戏。大戏演演停停，中间被花会几度打断，这就是唱大戏的特点。20世纪50年代初期大庙拆毁，庙会也随之消失。

通州花会

通州的庙会活动离不开花会，它是祭祀娱乐、渲染节庆气氛、百姓喜闻乐见的娱乐活动。民间花会作为通州民间舞蹈艺术的主要形式，已有几百年的历史，流行于宋，成化于明，极盛于清，为历代祭祀风俗所育化。其作为祈福酬神的民俗节庆活动，广泛植根于民间。历史上张家湾、永乐店、西集、牛堡屯、马驹桥、城关等18个乡镇的96个村中均有民间花会活动，民谣称“京畿花会何可观，十人九说张家湾”“马营的秧歌牌营的会，皇木厂的竹马排成队”。

通州民间花会历史上有121档23种表演形式，主要有高跷、跑跷、龙灯、小车、旱船、竹马、狮子舞、十不闲、五虎棍、少林、中幡、杠箱、太平鼓、武术双石、花钹大鼓等。中华人民共和国建立后，民间花会得以扶持和承继，通过举办民间花会表演、竞赛，涌现出永乐店后马坊的跑跷、牛堡屯北大化村小车会、觅子店村高跷、马驹桥的少年童子跷、马头村龙灯会等典型花会。20世纪90年代后，民间秧歌舞、高跷会、小车会、龙灯会等表演形式盛行。

方　言

民俗文化中方言土语是文化的活化石。因为语言的形成和延续是几百上千年的过程，不在一朝一夕之间改变。方言作为文化的一种形式，是地方文化的重要组成部分。

通州方言并非孤立的语言体系，它是因人口迁徙而形成的混合语言。南北朝及其以后相当长一段时期，北方少数民族入主中原，其语言也随之而入，与汉语言相互交流融合。通州作为大运河的北端码头，自金至清，南来北往的客商、官员，从这里经过并产生交集，各种南腔北调混杂。从地理位置上看，通州地区位于京城东侧，毗邻天津、河北，所以通州话里主要掺杂了老北京话，以及部分的河北话、天津话。此外，也受到北方杂剧及元曲的影响，口语中儿化音较重。随着人们日常生活中言谈话语的使用习惯，久而久之形成了通州地区特色语言。通州方言土语大多靠祖辈口口相传，鲜少记载，部分也已消失了。

部分方言土语列举如下：

挨边儿：说话办事接近道理，不乱说乱干。

挨肩儿：前后顺序出生的两个同父同母子女。

扳本儿：做买卖亏了或赌博中输了，继续做或赌，捞回本钱或赌注。

半彪子：行动鲁莽，不通事理的人。

包干儿：在一定时间内完成所要完成的劳作任务。

背静："静"读轻声，偏僻清静的地方。

悖晦：老而糊涂，不听人劝。

别价："价"读轻声，"别价"是否定语气中带有质问的意思，或表示阻止、禁止。

不错眼珠儿：盯住某一人或某一处。

不了了：事情没有明确结果。

秋鞭：不主动尽力，看着别人使劲才使劲；耍滑。

出出哩哩：背后连续跟别人议论人家不好或所出之事；还指小动物急急忙忙来回走。

出门子：女子出嫁。

凑胆子：聚合许多人，以壮声势。

打吵子：吵架，也指事办半截就不干了。

打哈哈：与人开玩笑；办事不认真。

打愣儿：心里存疑；有些警惕；遇到突发事，不明事因，有点儿发蒙。

当家子："当"读去声，本家、同族。

叨三叭四：为小事唠唠叨叨；长时间说别人不好之处。

得济：特指得到晚辈的好处。

蹬哧：临死挣扎；败了、输了不服气，还要拼命干下去。

嘀嘀咕咕：做事三心二意，犹犹豫豫，想做又不做，不做又想做；背后议论他人。

垫办："办"读轻声，指暂时替人付钱办理某事。

掉腰子：耍花招，不听使唤，不服从命令，不老实接受交给的任务。

二乎：看不准，不敢做决定。

二五眼：见识水平不高；办事不认真。

发苶：精神不振。

盖了：优秀。

骨里：两字读轻声，交易时超过应给重量，秤砣稍吊高；身体健壮。

顾蹭：办一件事磨蹭；做事缓慢。

归置、拾掇："置""掇"均读轻声。都是指整理散乱的东西，也常指对某人要给予整治。

哈喇子：流出来的口水。

叽里呱啦：情绪激动，说话不止；说了半天，没讲明白。

假招子：以假象欺骗别人。

搛（jiān）：用筷子夹物体。

捡漏儿：意外收集、购买卖主不知道的好东西；不怀好意寻找他人做事的过错。

嚼齿："齿"读轻声，在背后议论他人是与非，或与人无理争论。

矫情（jiáo qing）：强词夺理，无理取闹。

抉（qié）制：嘲笑戏弄。

绝门儿：独有技艺；行当无人继承；做事有高招儿；说话、做事太损。

扛大个儿：肩扛粮袋、盐包。

吭吭唧唧：承应办事时不痛快；做事费劲。

拉手：拖累；有障碍。

拉忽：做事马马虎虎，粗鲁。

了哐唧：做事潦草敷衍，办事慌慌张张。

搉（ké）人：用所掌握的权利刁难别人，卖货人耍手段做手脚给人小分量。

搂（lōu）着：别傻干；见效果就停办；提醒他人别累着，注意身体。

砢碜：丢脸、不体面，或说话不文明。

落（lào）不是：被人埋怨。

买好儿：为达到个人目的，用言行讨别人喜欢。

猫儿腻：背地里耍手段；指隐秘的或暧昧的。

毛了吧唧：做事手忙脚乱，粗心大意，不沉着。

门儿清：对学术、事情、人与人之间关系等了解得很清楚。

门子：解决事情的关键人；关系。

绵：交易时卖货人不给足分量，秤砣低。

抹泥：办事干净利索。

哪门子：反问语气，“什么”的意思。

挠哧：想办法做事、挣钱、升官。

黏咕（gū）拽（zhuai）：做事不痛快，不利索；因个人利益去求人，赖着不走，或者来来回回乞求不停。

黏涎子：嘴里的黏液。

拧（nìng）种：态度生硬，行为乖张，不讲情理。

捧臭脚：拍马屁，不好也说好。

噼里啪啦：双方打架动手状；做事又快又好。

皮脸皮痴：被人家指出来了毛病或羞耻之事，不反悔却嬉皮笑脸。

乒啷乓啷：打架状况；办事行动快。

泼冷水儿：打击别人积极性；说风凉话；想办法制止盲目行动。

嘁嚓咔嚓：行动迅速，做事快，干净利索；办事鲁莽。

气包子：爱生气；有点儿不满就生气。

掐尖儿：打击挑头儿闹事的人；抑制有才能的人。

浅着（zhe）：船因水浅而不能动，以此借喻遇到难以解决的困难。

跷跷蹑蹑：办事小手小脚，怕这怕那，不能大刀阔斧去干。

轻省（sheng）：指事少，轻松，也指重量小。

屈屈缩缩：探头探脑，哆哆嗦嗦；害怕做不成事，不敢接受任务。

绕脖子：说话不坦荡直率，不直截了当，拐弯抹角儿；说话很多，但使人不明白。

撒村：无顾及地说粗俗话。

讪脸：小孩跟长辈嬉皮笑脸。

烧包：手里有点儿钱就想花出去。

勺叨（dao）：说话没深浅，没正形，不稳重。常叠用："这人勺勺叨叨"。

生性：不怕死伤，鲁莽。

时气：一时的，出乎意料的好机会。

实惠（hui）：实际的好处。

梳辫子：将应办的事情从头整理出轻重缓急来；对某人的所作所为给以分析研究。

耍猴儿：不正经干活、工作；做事时提出条件刁难人。

水了浆汤：办事不利索，存在一些问题；人、动物身上或物品湿漉漉，往下滴答水珠儿。

顺竿儿爬：做事没主见，依照别人的主意去做；顺着领导上级的意思去做事。

肆地：办事细致平稳。

碎嘴子：说话絮叨，令人厌烦。

缩脖子：看事难办，就退缩。

淘换（huan）：想方设法多方寻找，以求得到。

觍脸：厚着脸皮，死皮赖脸。

挑眼：挑剔、指摘他人的失礼行为。

同侪（chái）：同辈或同一时期的人。

褪套儿：事情干半截儿退出不干了。

崴泥：事没办成，遇到难题，不好办下去。

外卖：外人；不是老在一块儿做事的生人。

外面儿光：不求实际，只求表面声誉。

外秧儿：本家族之外的人；娶到家的媳妇儿；团队之外的人。

乌涂（tu）：指半开的水；也可叠用为"乌乌涂涂"，指办事、说话不明白。

吸铁石：做事有威信，让人尊重，引众人拥护。

小绺：扒手，即专从别人身上偷财物的小偷、窃贼。

邪乎：表示程度深。

踅摸（mo）：四处寻找。

寻摸（mo）：用眼睛四下反复察看。

寻思（si）：思索、考虑。

牙碜：本指食物里有砂粒，吃时硌牙，后比喻尖酸刻薄的难听话。

幺蛾子：出坏主意，节外生枝。使用时常在前面加"出"字。

有一搭无一搭：没话找话说；表示可有可无，无足轻重。

贼溜了关门：出了事才去防范，不提前防备，没有事前警惕。

怎哏（gén）：含有不满的询问，有时也说成"怎哏儿"。

怎么得了：做事不好了结，不好处理。

找补（bu）：把不足的补上。

重（chóng）茬儿：一件事没办利索，再办一次或几次；受了一次罪，再受一次或几次。

转磨：比喻遇到急事想不出对应办法，来来回回转圈子。

装佯：故意做出奇异表情，或发出怪腔怪调，假装不知道。

壮门面：为家里争气、作脸。

揍儿酱：事没做好。

钻楞觅缝儿：投机取巧；费尽心机。

嘬牙花子：办事为难，想不出主意。

作脸：争光、争气。

坐水：将铁水壶灌满水后放在炉子上烧开。

文物景观

古老的通州处处闪耀着运河文化的光辉，多如繁星的历史文化遗迹记录着通州的历史与大运河的辉煌。这些文物古迹为数众多，异彩纷呈。它们既是历史和文化的载体，又是城市人文生态发展的文化动力。千百年来，它们与通州古城相伴，与古老的大运河相依。

燃灯佛塔与古亭交映成辉；巍峨的古楼为通州古城增添一份古韵；如虹的古桥美不胜赞；众多寺庙丛林分布于通州古城，熠熠生辉；古色古香的碑雕石刻记载着通州的古老故事；众多的会馆是南北文化交融的见证；凛然的名士墓冢寄托了现代人无尽的哀思。

这些文物景观使得通州古城更具文化底蕴，使得大运河畔的古城文化更加流光溢彩，也成为后人研究通州古城历史文化的直观资料。时至今日，尽管一些古文物已湮没于历史的尘埃之中，但它们依然带给我们无尽的遐思与追忆。

古塔名亭

塔、亭辉映，塔即燃灯佛舍利塔；亭乃古时运河畔的黄亭子、潞园的博唐亭及古碑亭。塔、亭交相辉映，景观宜人，令人流连忘返。

燃灯佛舍利塔

在大运河的北端，矗立着一座巍峨的宝塔，这就是北京通州的燃灯佛舍利塔。燃灯佛舍利塔（亦称燃灯塔）是通州八景之一，迄今已有上千年的历史。塔身正南券洞内供奉的燃灯佛，又称锭

燃灯佛舍利塔（拍摄时间：20世纪30年代）

光佛，锭是灯之足部，燃灯佛即光明之佛，蕴含了光明如灯之意。相传塔内曾藏有舍利，故名燃灯佛舍利塔。据《燕山记游》载："每逢除夕佛灯出通州塔上，数千百光远绕盘山诸寺，至定光佛塔而止，或云塔中舍利光也。"

燃灯佛舍利塔位于北京市通州区北端运河西岸的西海子公园内，距大运河数百米，塔影垂映河中，清乾隆帝有"郡城塔影落波尖"的诗句。燃灯佛舍利塔始建于北周，由于当时的运河水患蔓延，时人又笃信佛教，于是在古运河畔建佛塔，为祈祷镇水之用。初建成的燃灯塔是一座土塔。此塔在建后曾多次复建修葺。唐贞观七年（633）重建，后由于水患洪泛之故，土塔很快被淹没。及至辽代，在古运河畔敕建砖塔，用以镇水而祐漕运。清康熙年间京师大地震，燃灯佛舍利塔倾圮，塔体坍塌，仅余下塔座。康熙三十年（1691），由僧人照感奔走四方，募资数次，倡导重建，每年建成一层。至康熙三十五年（1696），仍未建成。当时知州吴存礼以为建塔速度太慢，于是倡议公捐，以加快修建速度，终于在康熙三十七年（1698）再建成功。光绪二十六年（1900）八月，八国联军入侵北京，来至通州，燃灯佛舍利塔遭到很大的破坏，之后又经历了1976年唐山大地震，塔身虽未倾圮，但塔顶莲花座的砖石抖落，塔体也略有裂纹。1985年9月至1987年11月，北京市文物局和通县人民政府筹资29万元，对其进行了大规模的抢救性修缮，重建塔顶，添设了避雷针，重修了各层塔檐，并按原色油饰，对铜铃进行了补配，且恢复了塔基。从此，燃灯佛舍利塔再现了雄威，巍然屹立于通州古运河西畔。

重新修葺的燃灯佛舍利塔为砖木结构，密檐实心，塔高56米，基围38.4米，直径11.6米。外观呈八角形，塔身十三层。在塔体十三层正南一面斗拱间，有一块砖制诗碑，碑首刻有“万古流芳”四个大字，有修塔僧撰刻的七律一首。

2017年修缮后的燃灯佛舍利塔

有关燃灯塔的另一景观是塔榆。据史料记载，清康熙年间重修燃灯塔时，榆钱随泥土一起落至塔上的瓦垄沟壑内，又经数日阳光雨露的滋润，长出幼树，仅依靠塔上薄土生存，此树被称为塔榆。塔榆顽强屹立于塔顶几百载，1987 年修缮塔刹时将其移植于西海子公园内，此树生命力极强，枝叶繁茂，颇受时人珍爱。

旧时古塔的倩影垂映在古老的大运河上，古代文人墨客常来通州吟诗舞墨，留下美好诗篇无数。“云光水色潞河秋，满径槐花感旧游。无恙蒲帆新雨后，一支塔影认通州。”这是清朝王维珍在《古塔凌云》一诗中对大运河北端通州古塔的形象描述。

现在的燃灯佛舍利塔成为大运河北端之胜景，亦是通州古城的象征，已成为通州的标志性建筑。

博唐亭

博唐亭位于通州潞河中学校园内潞园的协和湖畔。为了赞颂博晨光先生和唐·欧德夫人的建校功绩而建此亭，并以博唐命名。此亭八角形状宝顶，支立八根红色底柱，亭柱上端为倒挂楣子，镌刻有卷草镂空装饰物，亭柱下面，用石头制成的坐凳，可坐此观景。亭柱以栏杆相连，古朴厚重，亭顶覆灰色筒瓦。檐枋上，勾勒苏式彩绘，清新淡雅，梅、兰、竹、菊、牡丹、荷花齐争艳。在亭中仰观，天花井口，蓝底井字，内绘白鹤，展翅翱飞；在亭中俯视，朱色地板，八角形状。此亭汇聚了儒、道等文化元素，人们在欣赏中国古典建筑艺术的同时，也受到了中国传统文化的熏陶。

博唐亭壮观典雅，给美丽的潞园以及通州古城平添了一道如诗的风景。

碑亭

顾名思义，碑亭与碑相关。古人建亭覆于碑上，碑置于其内。清王士禛《居易录》中言及碑亭："工部相地，诹吉庀材鸠工，建立碑亭，砻石镌刻。"碑亭是用来保护御碑的，专为保存皇帝御制石碑而建的亭子，称作"御碑亭"。

通州历史上有多座御碑亭。乾隆年间御制的"重修马驹桥碑"和"重修碧霞元君庙碑记"的两通石碑均有碑亭，但今已不存。通州现有的一座碑亭是清雍正十一年（1733）的"御制通州石道碑"的碑亭。此亭北向，台基呈方形，黄琉璃瓦覆顶，亭顶歇山

通州区八里桥附近的碑亭，外观形似于旧时通州古城的碑亭

式，旋子彩画，亭内天花井口，斗拱鎏金。原亭被八国联军损毁，2005 年重建，石碑至今保存完好。

黄亭子

黄亭子曾经是通州的一座古亭。清《（光绪）通州志》城池图中标记“黄亭”字样;《（光绪）顺天府志》也提及“修龙亭银”一事。后经耄耋老人口述历史之词加以考证，黄亭应是位于通州古城东关大王庙附近，即前几年的北京橡胶十厂院东河边，紧依运河而建。

通州古运河一度万舟骈集，运河经济繁盛，各种建筑迅速增多，黄亭子由此建成。黄色是皇权的标志，当时只有皇家建筑才可使用黄色琉璃瓦筑亭覆顶，可知黄亭是皇家敕资修建的。

为何要修建黄亭呢？其功用除了美化运河两岸景致、供皇亲国戚休憩之外，还能分界漕运码头。旧时，古运河上商船、漕船争相涌入，停靠在古城大运河边，漕官为了区分官署漕运和民间漕船，于是在潞河驿修筑黄亭。琉璃黄亭成为漕船停放分列的分隔点，亭内设立告示，民间船只需停靠于亭南岸边，不可越黄亭而北上停泊。可见，古时的黄亭亦成了运河交通管理的驿站。黄亭子外观镶嵌黄琉璃筒瓦，巍峨而富有皇家气派，气势恢宏地矗立于古运河畔。

时至今日，古运河畔的黄亭子已不复存在。后人不断地追忆其遗迹瑰影，探访关于它的民间传说，梳理赘述成集，供人日后研析。

古楼溯源

昔日，通州古城内的古楼建筑，风格迥异，巍巍壮观，形成一道道典雅瑰丽的风景线。正因为这些古楼的存在，使得大运河文化更具神韵。钟鼓楼彰显了古通州的齐政通和；大光楼提供了大运河畔验粮之所；文昌阁悬楼屹立于城堞之上；奎星楼寓意着士绅举子的文才博通；大王庙戏楼内观戏赏景；潞河中学洋楼前谱写古韵新篇。

钟鼓楼

古通州地处皇城畿辅，当时京杭大运河北端码头林立，为水路咽喉之所，漕丁及旧城居民杂处以居，于是，需要钟鼓以“司晨昏而报休劳”。由此，坚筑密构，高台新筑，历时6个月，钟鼓楼便屹立在了古运河西侧。

通州古城的钟鼓楼建于元朝，称作齐政楼，取“七政”日、月与金、木、水、火、土趋于一致、皇朝政和畅通之意。此楼坐落在通州北大街发祥胡同（现堂子胡同）。古时，通州钟鼓楼被比作城中心的船舱，登高楼驻足远眺，通州古城和京杭大运河尽收眼底。

钟鼓楼楼顶是传统歇山式建筑形式，上部是两层，朱漆椽柱，最下层不仅是楼基，而且是南北向的“城门洞”式拱券通道。此楼横跨于通州北街之上，众脊垂兽，戗兽、大吻、五小兽分居而置，旋子彩画，隔扇菱格。楼上西首立碑一通，高 3 米，方首方座，刻“万古流芳”等字，此碑是清同治元年（1862）三月由通郡全部绅商所立。

通州钟鼓楼历经数次修缮，凝聚了通州古城历史的沧桑。明万历年间重修过此楼，清顺治年间再次重修，楼内悬匾额“声闻九天”“暮鼓晨钟”。此楼多劫难，清康熙年间地震坍塌，复又再建；雍正年间，知州黄成章募捐修葺；后又于嘉庆及道光年间分别予以修缮；民国九年（1910），通县知事李杜对楼体进行粉饰修葺，且重置内饰，于楼内悬挂匾额六块，上书文字分别为“德惠群黎”“安民则惠”“功昭守助”“助长灵长”“保商卫民”“安民以惠”，卸下昔年所挂之“见义勇为”“稳步天衢”“除暴安良”“天都锁钥”四块匾额。楼西一小三合院内有“重修通州鼓楼碑记”一通，清顺治二年（1645）仲冬所立。

通州旧城鼓楼（拍摄时间：20世纪40年代）

钟鼓楼内有铜钟一鼎，司时之用。每当晨钟暮鼓之乐回响于古运河畔的时候，古城内关厢城镇的居民就会以此作为时辰。清朝，钟鼓楼内不仅奏响“暮鼓晨钟”之乐，而且通州人过节赏灯也来到此处。每年正月十五上元佳节之时，钟鼓楼内外张灯结彩，挂满了各式各样的彩灯，十分热闹。及至傍晚时分，通州古城内童叟于运河两畔接踵纷至，赏灯猜谜，喜笑颜开。钟鼓楼内外彰显了官民同庆，一派热闹非凡的景象。这种习俗直到民国初年才逐渐停止。钟鼓楼今已荡然无存，古运河畔的晨钟暮鼓之声亦已成为历史。

大光楼

大运河岸边坐落着诸多楼阁，通州大运河边的第一楼就是建在通州北端的大光楼。《易卦》中言及:“自上下下,其道大光”,“大光楼”名称取的就是“其道大光”之意，即道路宏阔宽广。

通州大光楼始建于明嘉靖七年（1528），此楼建在通州古城大运河与通惠河交汇的北关闸处，即京杭大运河北端的石坝码头旁侧，是专门为户部官员在通州漕运码头上验收漕粮而设的办公楼,故也称“验粮楼”,又因位于石坝码头处临大运河而建,俗称“坝楼”“河楼”。

清乾隆年间，通州坐粮厅厅丞冯应榴在《潞河督运图·后跋》中说：“有楼曰大光，义取损上以益下也。”意为通州古城内曾有一座楼称作“大光”，是取用宁可使上面受损失，也要使下面受益的意思而命名的。从冯应榴的跋语里可以看出，在漕运码头上建造验粮办公楼，是要求这里的官员要做到“爱民恤丁”，用自己的仁爱之心来体现朝廷的善政，实现任人唯贤的用意。

大光楼坐西朝东，邻水而建，楼体两层，下层高阔的券洞作为通道，与通州的石道相接；上层为单檐歇山脊筒瓦顶，进深为三间，四面带廊有护栏，楼内雕廊画栋，甚为美观。清代诗人陈豫明赋诗《名坝大楼行》，其中有“崇栏杰阁悬巍昂，向背两水流洋洋”，“江淮河汉津程遥，肩负千夫声力悍”等诗句，展现了古时大光楼的巍峨壮丽、大运河的碧水盈盈，以及中原与江南泊运大批漕粮至通州时千帆影动的盛景。

清光绪二十六年（1900）“庚子之乱”，八国联军侵犯京城，直至通州，将通州关厢内外凡是有义和团活动过的楼阁庙宇，皆点燃烧毁，这座大运河上第一楼也未逃劫难。大光楼被八国联军焚毁后，随着漕粮改由路面交通工具运输，运河漕运废止，原有石坝亦被废弃，旧时古运河畔的大光楼不复存在。

大光楼与燃灯塔皆为大运河北端的标志性建筑，此楼具有重要的历史研究价值和文物景观价值。为了重现大光楼的巍巍雄姿，2005 年通州区政府疏通大运

旧址上复建的大光楼

河，重新复修验粮楼，在大光楼遗址附近的今日大运河西岸，筑建了一座仿古歇山筒瓦顶二层楼阁，亦名“大光楼”。这座崭新的“验粮楼”流光溢彩，古致典雅，美不胜收，其与碧水蓝天相接，楼影（大光楼）、塔影（燃灯佛舍利塔）、桥影（通济桥）三影合璧，交映成辉，为今日大运河增添了新的风韵，为通州新城增添了一道新的景观。

文昌阁

文昌阁，曾是一座建于通州旧城东南角城堞之上的悬楼。悬楼是建筑在城堞之上的高耸层楼。旧时，文昌阁堪称城堞上的悬楼之首。昔日的潞河书院及鸿文社，都曾设在此阁内。

文昌，取文武昌盛天下、平安之意，显示这一地区文化昌明，人才济济。陆凤藻《小知录·乾纬》：“文昌，六星，曰上将、次将、贵相、司命、司中、司禄，在北斗奎前，如筐形，天之六府也，主集计祸福，明天道经纬。”

文昌阁建于明嘉靖年间，经由州绅杨行中倡导建筑；万历年间将神像供奉阁中；此阁于清康熙七年（1668）大修；康熙十八年（1679）京城地震，楼体倾毁，为了恢复文昌阁景观，康熙三十一年（1692）在故址重建楼阁，在阁西增建小亭三座；康熙三十六年（1697）知州吴存礼筑造城基，将其易名为“望耕堂”；乾隆初年又加以重修；道光七年（1827）加建“登瀛馆”“藻轩”等建筑。

此楼经历明清两朝数年的修葺、重整，巍巍屹立于古通州的东南角。旧时有文昌阁十二景之说，即雉堞云连、古塔凌云、万笼炊烟、天际沙明、绕郭蔬畦、风行芦荡、柳岸渔舟、闸泄涛声、碧水环城、平林烟树、漕艇飞帆、层楼分峙。这十二处景观描绘了通州古城的美景。

大王庙戏楼

大王庙戏楼与大王庙息息关联。大王庙的历史可以追溯到清朝，始建于清顺治七年（1650），康熙年间复建，又于同治年间募粮商、捐巨款，进行重修。大王庙位于运河北端，直面潞河，正门东开，坐落于西，三间山门，配殿建于南北，与正殿形制相同，以抄手廊连通，瑰丽堂皇。大王庙为河神庙。潞河水旧时泛滥成灾，尤以夏秋之季为重，彼时，通惠河、温榆河等河道之水汇入潞河，决堤断口，缆断船漂，潞河两岸居民及商贾损失惨重。时人上至官宦，下至百姓常去大王庙祈祷河神，以求水患隐退。

大王庙戏楼位于大王庙内，相传每有漕船沿运河至通州，舟商下船，在戏楼内观戏赏景，北调南腔，北运碧波，漕丁欢畅。此处也曾是文人皇室登楼观景，赏古运之水、飨古运潞鲤的游饮之地。爱新觉罗·敦敏旧时与曹雪芹交好，其游览古通州时曾赋诗："新城直接旧城游，斜日登临上酒楼。遥拟江南风味好，买鱼亲上打渔舟。"诗中所说的"酒楼"即旧时古运河畔的大王庙戏楼。漕运停止之后，戏楼荒废，未予修葺。

奎星楼（魁星楼）

陆凤藻《小知录·乾纬》记载：“封豕，奎也，为天武库，主库兵，又主沟渎，星明则天下安。”又有《史记·天官书》记载：“奎曰封豕，为沟渎。”奎星，在我国古代天象学中指的是二十八宿之一的“奎宿”，后又被神化为主宰文章兴衰之神。汉代《孝经援神契》即有“奎主文章之说”。通州古楼以奎星楼命名，蕴含祈愿通州古城内的士绅举子文才博通、满腹经纶之意。

通州古城内的奎星楼以建筑时间先后计有两座。一座建于贡院胡同西口对过，原司空分署街东侧，此处曾名作奎星楼胡同。《（光绪）通州志》记载：魁星楼于明万历三十八年（1610）由工部郎中陆基恕主持筑建而成。此楼内券设有拱洞，拱洞上方镶嵌着镌刻有“司空分署街”五个大字的石质匾额。奎星楼底部立方体基座，台基上方建有阁楼三层，阁内塑有文昌帝君像。清康熙年间，又于阁内增设朱衣、魁星二君神像。奎星楼西北侧旧有马道，循此路石阶可登上楼阁，极目远眺，古运河畔美景尽收眼底。此楼于清乾隆三十九年（1774）被焚毁，仅存台基和殿阁残垣，后世未得修复，1968年彻底拆毁。

另一座奎星楼建造于清康熙年间。当时选址重建文昌阁，阁前建造一座奎星楼，配以两厢，供奉朱衣、魁星二君。奎星楼与文昌阁相映生辉，在古运河畔形成了一道雅致的景观。

潞河中学洋楼

潞河中学历史悠久，其历史可追溯到 1867 年，美国基督教公理会创建潞河男塾，后改称潞河书院。及至清光绪四年（1878），牧师姜戴德等人在通州城南门外，晒米厂东南角，征地建楼，成立教会学校，因此校地处大运河边上的古通州而名潞河中学，由谢卫楼等牧师、教士执掌教务，谢卫楼时任校长。潞河中学是京东现代教育的发祥地，在这所美丽的校园内，矗立着两座巍峨肃穆的洋楼，即谢氏楼（红楼）和卫氏楼（今人民楼）。

谢氏楼（红楼）始建于 1903 年，此楼中部高耸十字架，外观呈十字形，神似古代城堡。楼体坐北朝南，南端凸起，楼基夯实，砖砌护墙，墙角塑有下垂雕饰，主体外观为青砖颜色，楼顶为突兀红色铁皮结构。红楼外观宏伟，房顶高阔，地上两层地下一层，楼内全部为木质构造。顶层有西式铜钟，起到钟鼓司时的作用，四周设置两层音窗。

潞园内另有一座卫氏楼（今人民楼），此楼始建于 1902 年，坐北朝南，欧洲哥特式建筑。此楼横居于校园北部，从后方观看，整体平面如篆书引号部首，乃青砖白灰浆浇筑，与中式皇宫围墙媲美。卫氏楼为二层楼，楼正中设有楼梯，便于通行，楼体平面见方，边侧多角，且四角均有倒装雕饰。楼体砖木结构，东西相应。西檐密砌连弧小券，墙嵌玻璃门窗。 楼前为砖券走廊，上面雕砌护栏，楼顶为西方城堡式结构建筑，又加入中国古城墙的传统模式。屋顶朱红一片，皆为红漆铁板筑制。楼前古槐两株，左右相称，

潞河中学红楼

甚为美观。登楼顶即可眺望整个潞园，校园美景尽收眼底，令人心旷神怡。

在潞河中学的洋楼中涌现出许多名人佳士，科学家黄昆、历史地理学家侯仁之、大运河之子刘绍棠、作曲家王洛宾等。

在1978年至1996年间，潞河中学洋楼经历了数次整修。1978年至1979年，对人民楼进行了加固，楼体结构由木质变为水泥质，人民楼经过油饰修葺，楼体焕然一新。1987至1988年，市县两级政府鉴于红楼在国内外的深远影响，拨款对红楼进行整修。室内铺置了地板砖和地毯，上顶添置吊灯，红楼室内被赋予了当代的气息，外观仍秉承了原有的古雅风貌。

今日的潞河中学洋楼巍然屹立在古老的潞园，如同两座雄伟而庄重的古城堡，镶嵌在古运河迤西的潞园内。

古桥映水

通州古桥数量众多，它们犹如一道道彩虹横跨于碧水之上。永通桥、通运桥、浮桥、卧虎桥等诸多古桥不仅历史悠久，而且外形古致美观，桥体精雕细绘。伫立桥头，观古桥影映，赏花木蓊郁，聆水波荡漾，真会流连忘返。

八里桥（永通桥）

八里桥原名永通桥，是北京三大古桥之一。因其距通州城内燃灯古塔八里之遥，故称八里桥。此桥建于明正统年间，南北走向，长数十米，宽 16 米，桥两侧有 33 对石狮，顶上亦雕有石狮，神态迥异，两两相望而依。观望柱头圆雕雄狮，各具情态，栏端蹲坐麒麟，挺胸伫立，活灵活现。两侧石栏，有 33 块护栏雕饰，刻工精美。桥面为花岗石铺设，石块之间以铁饰连嵌，异常坚固，与桥面浑然一体。此桥中孔高悬，舟行不必收帆，侧孔矮小，洪水可以畅泄于此。

八里桥景致唯美，又与通惠河相映生辉，此处的“长桥映月”景致也成了通州八景之一。李焕文《长桥映月》诗言：“湖溯昆明引玉泉，虹桥八里卧晴川。石栏拥似天衢入，画舫摇从月窟穿。

万斛舟停芦荡雪，百商车碾桂轮烟。渔灯蟹火鸣征铎，惊起蛟龙夜不眠。”表达了作者对此美景的赞誉之情。

明清之际，桥上车轮辘辘，马匹萧萧，水面船帆影动，皇都运米船舶纷纷驶向通州运河码头，粮船货物由此运往北京，繁盛景象为当年之一景。

八里桥雄踞通惠河之上，扼京东咽喉要道，是京津路道通衢之地。清咸丰年间,英法侵略军自天津侵犯京都,与清军在此血战，清军虽然英勇抗战，僧格林沁的军队数次冲锋，终究失败，三万将士全部殉国，谱写了一曲清史的壮烈悲歌。

八里桥抗战之后，此桥几经重修。清廷委派人员整修桥两侧护栏。及至民国时期，修筑京通柏油路时，曾在桥两端加固垫土。中华人民共和国成立后，又对此桥数次修整。1984 年，大雨致

20世纪初的八里桥（拍摄时间：约20世纪初）

现在的八里桥

八里桥北券东端护栏坍落，次年由北京市市政管理委员会募工修葺。又经两年，桥南券东端又坍落，于是在桥北端开道引河，用以泄洪分流。

八里桥不仅是一座古桥，亦是通州古城内的重要景观，通州八景之一，同时它又是一座具有历史、艺术、科学和教育意义的古迹。

通运桥

通运桥位于通州张家湾古城南门外，旧时称为板桥，此桥在明万历以前为木桥，桥东百米即是大运河，河口以南即大运河的大型货运码头，南北驳运的各种货物都要经过此桥，漕运繁忙，人来车往，又加水冲雨淋，以致木桥不堪重负，时断时修。为保证码头上的货物运输，万历时太监张华奏请将木桥改建为石桥。

改建工程于万历三十一年（1603）正月正式动工，历时近三年竣工。石桥被万历皇帝赐名为“通运”，因此桥横亘于辽萧太后运粮河之上，又名萧太后桥。

通运桥南北走向，桥长十三丈，桥体中部较高，三孔连拱式石券洞结构，中券宽三丈。券洞两侧上方雕有镇水兽。桥侧设石栏，一色青砂岩，每边各有海棠望柱 18 根，上雕须弥座，柱头雕有栩栩如生的石狮，浮雕宝瓶荷叶，刻线脉络分明。这种两面浮雕宝瓶的风格，罕见别致，为全国古桥所仅有。桥身均由花岗条石砌成，桥面车痕累累。

现在看到的通运桥是 2002 年由北京市文物局修缮的，桥面留存了车痕旧貌，数道沟痕记录着张家湾古城的峥嵘历史，是运河北端码头商业兴旺的真实写照。通运桥北端西侧，尚存汉白玉

通运桥

螭首方座碑两通。一为“敕建通运桥碑记”，记述木桥改建石桥之事；一为“敕建通运桥福德殿碑记”，为明大学士叶向高撰文。

今人立于桥头，手触石狮，遥想通州古城当年之繁华，桥上南来北往之人川流不息，桥下帆樯漕船于水中疾行。

浮桥

旧时，由于通州水域两侧通行不利，加之漕运繁忙，通州境内建造了多座浮桥，仅通州城内建造的浮桥就有三座。

一座为东浮桥，此桥位于通州城东域的东关。其历史可追溯到明朝。明朝初期，大将军徐达为了加强帝都与外界联系，方便军队出行，在通州东门外大运河上建造了一座木桥。到了雨季河流泛滥，水冲木桥而毁，复建亦毁。于是北平布政使司周伟建议遍连船桥，浮于运河之上，“浮桥”这一称谓由此得来。明建文三年（1401），朱棣为加强燕蓟联络，每于雨季后，联船建桥，为使船桥稳固，以铁索和木桩将桥固于河面，三年大修一次，但一到雨季仍毁。清康熙年间，通州白河改道南流，此时也曾建筑过一座浮桥，位于白河之上，这座浮桥亦称作东浮桥。

另一座为西浮桥，此桥位于通州北关闸之西闸处的温榆河，明永乐十五年（1417），西浮木桥建成，后由于大雨，惨被冲毁。清康熙年间，通州温榆河改道南流，于是在此建筑一座浮桥，亦称作西浮桥。

还有一座即为北浮桥，此桥建在通州城北皇木厂村东运河上。

明嘉靖七年（1528），巡仓御史吴仲主持重修通惠河，于通州城北门外修建石坝、土坝两座漕运码头，为漕船通行之便，原浮桥北移，时称北浮桥。

中华人民共和国成立后，改造水利，在原址兴修浮桥，此桥以新的面貌重现于古河道之上，皆为钢筋混凝土建造，桥体坚固，促进了大运河水域两岸的便利畅通。

土坝桥

旧时的土坝桥横跨于北运河上，临近土坝码头，土坝桥由此得名。此桥的位置曾是秦代时蓟（今北京）襄（襄平，今辽宁省辽阳市）驰道所经之地，此处曾以津渡为交通工具。

中华人民共和国成立后，为改善通州境内的交通，将木桥重建，形成九孔钢筋混凝土结构的桥梁，横亘于北运河之上，因其位于通州旧城东侧，称东关大桥，此名沿用至今。

土坝桥（东关大桥）

现在的东关大桥

卧虎桥（通济桥）

通州古城内，在通惠河与北运河交汇的地方，曾建有一座三孔石桥。当时称作卧虎桥，又名通济桥。桥体长 21 米，桥梁两侧的石狮子卧于石栏望柱之上。石狮形态逼真，整齐排列。石桥券洞中部镶嵌虎头石雕，虎视眈眈，古有镇水之意。因此，石桥俗称卧虎桥。

卧虎桥源于旧时的一座木桥，俗称北门桥。此处车水马龙，人声鼎沸，为漕运水路必经之道。因洪水泛滥，木桥坍塌，明万历六年（1578），工部郎中李熹与内官监太监李奉，一起奏请朝廷出资重建此桥。桥体为石制，以防水患冲坍。石桥建成后，赐名“通济”，有路面贯通八达之意，并立“新建通济桥记”碑以此来记录此事。

如今，通济桥被拆除，石碑亦被推断，碑文尚被记录。碑文如下："通州北门月城外，旧有板桥。隆庆二年，秋水大泛，圮。□□□□假□而济（以）入于市，辄遇水势漫溢，辄若望洋争舟而渡，往往有濒沦者，民咸苦之。所司□□□艰欲重置之，（而）艰于财乏，辄止（之）。太原李公董通惠河事，乃心国务，不规劳怨，比至一切废堕，悉□修□若修筑皇木厂之环堵……会农曹总戎、内监诸公，共事斯（止）者，雅意同心。公先捐俸，诸公继焉，而土之缙绅商（氓）之尚义者，具闻风而争助，得金若干。于是凿石于山，易木于市，（纠）工度财，程用计食，逾两月而告成。（以）故人无病涉，舆可通行，民并（利）（之），因名曰通济……"

著名寺庙

通州的寺庙，年代久远，具有鲜明的建筑风格和建筑艺术。它们既是宗教祭祀活动的场所，同时又是通州运河文化的载体，具有重要的历史资料价值与文物研究价值。

据史料记载，通州城内古寺庙为数众多，它们分布于通州古城的关厢内外。三教庙与燃灯佛塔形成了"三庙一塔"的古建筑格局；碧霞元君庙（大南顶）香客络绎不绝；里二泗天妃庙（佑民观）是大运河重要的地理坐标；通州清真寺促进了民族之间的经济文化交流；万字会院蕴藏着通州城的古韵文化。

三教庙

三教庙坐落在大运河北端西畔，通州旧城北部区域大成街北侧。它是由儒家的文庙（亦称学宫）与佛教的佑胜教寺（俗称塔庵）、道教的紫清宫（俗称红孩儿庙）这三座独立的庙宇组成，是国内唯一的三教合一的建筑群，近距离观看成“品”字形布列在通州州治衙署的西围墙一侧。

三座庙宇中，文庙堪首，规模宏阔。创建于元大德年间，历经元、明、清三代数十次重修扩建，至清光绪九年（1883），已经成为北京十分重要的庙宇。此庙中路跨东西三座院落，坐北朝南，主体建筑一色歇山脊。此庙宇长宽有置，中轴地下掩埋旧时金水桥。后方大成殿五间，和玺彩画，雕梁画栋，正中孔子位，

现在的文庙大成殿

现在的紫清宫

复圣颜子、述圣子思、宗圣曾子、亚圣孟子四圣皆在。又有十二哲：闵损、冉雍、端木赐、仲由、卜商、有若、冉耕、宰予、冉求、言偃、颛孙师、朱熹。此庙于2004年开始修缮，并在原文庙殿宇遗址和形制之上重修复现了棂星门、戟门与东西两侧配房。

旧时道教的紫清宫，格局开阔，坐北朝南，为一进院落。院内山门一间，彻上明造，旋子彩画。紫清宫俗称“红孩儿庙”，始建于明代，清同治、光绪年间重修。庙中主祀道教三清（玉清元始天尊、上清灵宝天尊与太清道德天尊），如今，紫清宫正殿的三尊神像已不存在。

佑胜教寺，俗称“塔庵”，乃是通州古佛寺，修建年代早于燃灯佛舍利塔。寺内主供的是燃灯佛。旧时，佑胜教寺规模开阔、宏深。大光明殿门口曾有对联“莲华妙浴能仁慧日昭禅定，如是我闻圣教祥云罩大千”。现在的佑胜教寺中，除了留有大光明殿以及对过的三间房屋，还保存一个写有“燃灯佛塔”字样的大香炉和一棵古木。在佑胜教寺西侧，耸立着燃灯佛舍利塔，因而形成了“三庙一塔”的古建筑群。

现在的佑胜教寺，与燃灯佛舍利塔相依而建

三教庙的院落格局，融合了儒家、道家、释家三教的历史文化。三教庙以文庙居正前位，佑胜教寺与紫清宫处在文庙后面两翼，规置皆比文庙小，整体呈等边三角形，与衙署紧临，突出了儒家地位。三教庙在宗教哲学史的研究领域也具有典型性，是唐宋以来“以佛修心、以道养身、以儒治世”的“三教合一”思潮的完美体现，也是通州运河文化景区的重要组成部分。

碧霞元君庙（大南顶）

明清时的京城四周，曾有五座碧霞元君庙，古人根据方位坐落情况分别称为东顶、西顶、南顶、北顶和中顶。其中南顶即指通州马驹桥的碧霞元君庙。因其格局宏阔，进香者络绎不绝，故称其为大南顶。据《春明梦余录》记载:“弘仁桥，元时呼马驹桥，今此庙曰大南顶……”又据《京城古迹考》中记载:“碧霞元君庙，庙在左安门外东南弘仁桥，明成化年间建。”由此可知大南顶的建成时间是明朝，庙的位置在弘仁桥。《京城古迹考》又记载该庙的山门、功曹殿、元君殿、东岳殿、玉皇阁等五重建筑的情况。东岳殿又称天齐殿，仰视横额，上书文字“神皋钟秀”;又有楹联，上书“木德胜于东，自南布化；山宗冠维岳，因渎资仁”。在玉皇阁处，亦有一横额，其上写有“泰钧宣泽”四个大字。山门前有两座牌坊，一曰天仙圣境，一曰弘德慈仁。

旧时，许多文人墨客游于大南顶而吟诗赞颂。李中孚曾赋诗云“空行闪闪立楼台，前队朱旗后队催。涌出一枝华藏界，化人如自日边来”。

里二泗天妃庙（佑民观）

佑民观位于通州区张家湾古镇里二泗村西，清嘉庆年间，大运河从佑民观门前流过，可以说佑民观是大运河重要的地理坐标。佑民观四进院落，临河牌楼一座，东侧两进跨院，砖塑斗拱，瓦雕雀替，木刻石雕，影映河中，典雅壮观。南有一额“赐佑民观”，北有一匾康熙皇帝御笔亲书“保障漕河”。今伫立于佑民观北门外，可追忆昔日舟楫繁忙的古运河。

据《日下旧闻考》记载：“里二泗近张家湾，有佑民观，中建玉皇阁醮台，塑河神像。嘉靖十四年，道士周从善乞宫观名赐金额，名其阁曰锡禧。万历十年，灵璧侯汤世龙复新之。”再《（光绪）通州志》中所记：“佑民观，在州张家湾，即天妃庙，旧名里二泗。凡运船往来在此修醮……明嘉靖十四年道官周从善奏请赐额，观曰佑民，阁曰锡禧。”由此可知，只要是从此经过的船只都要在这里停留并做道场以祈求平安，从当时大运河的航运作用及运量上不难判断出佑民观香火繁盛的景象。

民国时期，通州古城内有道教庙宇100余座，佑民观为其中最大的一座。佑民观成了当时人们在保障漕运方面的精神寄托，民间一度有“西有白云观，东有佑民观”之说。民国后期，道教影响渐弱，佑民观随之没落，其功能亦有所变化。北京解放前夕，军队的储备油库曾经设置在此，后又被改为小学。至1990年，佑民观内的主要建筑全部拆毁，仅存一棵500年树龄的古槐。

如今的佑民观于2003年重建，2009年成为北京地区唯一的一座全真派女众道场。

通州清真寺

通州古城内清真寺比较多见，它们的建立与大运河息息相关，古时大运河漕运促进了通州与各民族之间的经济文化交流，为了满足这些民族的宗教信仰，通州古运河畔曾修建了两座比较有代表性的清真寺。一座位于通州古城东关，另一座位于大运河西侧南大街。

通州东关紧依古运河畔，原有一座礼拜寺，旧时漕船到达

通州清真寺

通州后，需靠岸停泊数日装卸货物，船员中的穆斯林为了礼拜之需，与当地回族民众集资在东关下游南岸建清真寺一座。该寺建于清朝中期，同治年间重建，之后数年，清真寺废止，遗迹无存。仅有时人家藏《东关清真寺碑记》底稿，以记述其事："道本清真，明发身心性命之要，理宗元始，阐扬格致诚正之功，故叩拜真宰以进天道。祈福父母以进人道，二道流行，虽上智下愚，向善同归一体，拜礼之功修大矣哉。溯自隋唐以来，吾教始流衍于东土，迄今千载余矣；其间圣帝哲王，或敕建寺宇以崇正道，或嘉言褒美以表清真，是以吾教普行于华域，卓立于千古者，皆敕修寺以宣扬大道耶。通郡东关，潞水之滨，析津众乡未立有清真寺，庙宇微偏，规模又狭，兹于同治癸酉年（1873），众乡末相其基可筑三楹，计其资亦需千许，捐金以倡，共助同心……因为志其创造之始，增修之美，而并望后之同志者，永久而继续也，是为记。"

另一座通州区清真大寺现位于南大街清真寺胡同一号院，寺院宏阔，占地二十八亩。

元朝时，通州府建掌教哈的所作为管理回民事务之所，元中期将其扩大，建成礼拜寺，称牛市口礼拜寺。于明正德十四年（1519）重新修葺，名称改作朝真寺。明万历年间，御诏敕修天下大寺，此寺得到扩建，易名为清真寺，取“干净、真诚”之意。此寺在清同治初年格局改变，寺内修筑了邦克楼（宣礼楼）。迄今为止，对于此寺的最后一次大修，是在北京奥运会前夕。经过明清两朝及现代的增修扩建，清真寺被注入了汉族文化的建筑风格，中国宫廷园林式的格局凸显，建筑格局更加严谨、设计更为精巧。寺内画栋雕梁,美轮美奂,气势庄重。既有古代建筑的神韵，也有当代文化的艺术气息，堪称中国清真寺建筑之精品，是中国古代殿宇文化和阿拉伯伊斯兰清真寺建筑文化相结合的产物。

万字会院

万字会院位于今通州古城西大街东侧，建成于清初，当时称“三官庙”，于康熙年间重修。庙内供奉天官、地官、水官三位神像，以期可以祈福添寿、排忧解难，由此被称作“三官庙”。1935 年，殷汝耕在通州组建冀东防共自治政府，占用此庙，其特务机关的外围组织“万字会”亦在此庙中，三官庙逐渐被称为“万字会院”。

万字会院，南向坐落，为二进式院落，毗邻新华大街，整个院落建筑保存较完整。入口处大门较为开阔，有山门三间，抱厦三间，此处是城砖所砌制的金钢墙，磨砖光滑，整齐对缝，工艺均匀细致。又有硬山筒瓦箍头脊，通道位于明间，彻上明造，苏式彩画。通道为四级石阶，可从花岗岩石阶上下走动，两侧建筑有白玉护栏，望柱头雕有蟠龙，栏板上雕筑有宝瓶，前殿与正殿均为五间格局，顶式与山门相同。现为玻璃隔扇，六抹直棂隔扇门，工艺巧妙不失庄重。院落东西各有耳房一间及配殿三间，循三层石质青石阶可自由走动。在后院正殿的前方，有青沙岩浮雕及龙纹图形花坛一座，皆由多块石头拼接制成，规制精美。前廊山的前方，镶嵌着墙砖浮雕，造型精致中蕴含着古朴。

现代的万字会院（通州博物馆）南门

万字会院于 1964 年重新修葺，并且改名“东颐饭店”，不久即关闭，现为通州区博物馆，通州区文管所亦在此院内。

名士墓冢

通州古城的名人不胜枚举，如李卓吾、曹雪芹、汤子博、刘绍棠等等，他们或出生于此，或流寓至此。有些名人身故后，其墓冢即置立于通州，供后人追思、纪念。

李卓吾墓

李卓吾墓位于通州城西海子公园内。李卓吾（1527—1602），名贽，号宏甫，泉州晋江（今属福建）人，是我国明代著名思想家、文学家，一生博览典籍，著有《焚书》、《藏书》等著作，为后人所敬仰。

李贽祖籍福建省泉州市南安县，自幼通读典籍，弱冠之年离开家乡，同年考中福建乡试举人，而立之年谋得河南辉县教谕一职，至知命之年的时候，赴云南省姚安府知府就职。李卓吾处事正直不阿。其著述的《焚书》针砭时弊，大胆地揭露了当时道学家们的面具，由此遭到打击迫害。李卓吾挚友马经纶闻讯由通州赶赴湖北，陪同李贽北上流寓至通州。其间，与马经纶一同研读著书，仅用一年时间即完成他的最后一部著述《九正易因》。此时的李卓吾已是风烛残年，遭到礼科给事中奏本上达，被捕下狱，自尽而死。

李贽死后，马经纶在通州北门外马厂村迎福寺立墓行葬。李卓吾墓前曾立有明朝墓碑二座。一为好友焦闳题词碑，碑额碑座形制见方，为艾叶青石所制，高约2米，宽近1米，中间位置刻有“李卓吾先生墓”字样。左下方镌刻有“秣陵焦闳题”五个小字碑文。碑阴有詹轸光于明万历四十年（1612）书《李卓吾碑记》和《吊李卓吾先生墓二首》。詹轸光凭吊李卓吾墓地时，雇工整理荒草中碑料石，摹勒碑文而树之，碑文记载：“呜呼！此明卓吾李（先生）墓。先生以死友之谊，就马侍御于通州。及被逮，不（可辱）而自刎，则侍御收其遗骸归葬之。今其冢岿然，其白杨森森然也。呜呼，世之无朋友也久矣，乃有生于我乎莽……如侍御也者，则千古之友道未坠地也。侍御立朝，直声动天下，天下望而震焉……遂摹勒成而树之。时万历壬子之二月□□朔。千秋百岁后，有景行先生而思一识其藏者，此碑可藉不朽云。先生讳贽，温陵人，侍御讳经纶，凤阳人，而余则新安詹轸光也。”

西海子公园内的李卓吾墓

另一碑为汪可受于明万历三十八年（1610）所立，此碑业已无存，外观形制不可考。《畿辅通志》记载其铭文："余与公安袁家兄弟尝问道于卓吾老子。庚戌（万历三十八年）之春，余以关吏述职竣，中郎（按：即袁宏道）数偕同志梅掌科，苏侍御招游野寺，慨然怀古，指蜕骨在通州城外马氏庄……"此碑文内容详细，但碑身业已无存，令人惋惜。

李卓吾墓几经辗转，方得安宁。1983年，此墓被迁至通州西海子公园内。在参天的青松翠柏之间，得以安憩。周扬题写了"一代宗师李卓吾先生墓"的墓碑，又有欧阳中石先生书题之碑。

曹雪芹墓

曹雪芹，名霑，字梦阮，号雪芹，又号芹溪、芹圃，是中国古典名著《红楼梦》的作者。曹雪芹最伟大的贡献在于文学创作。他创作的《红楼梦》结构严谨、情节生动复杂、描写惟妙惟肖，塑造出诸多具有典型性格的人物形象，堪称中国古代长篇小说的巅峰之作，在世界文学史上占有举足轻重的地位。曹雪芹为中华民族、为世界人民留下了宝贵的文化遗产和精神财富，对后世作家的创作影响深远。

周汝昌曾评价曹雪芹的一生，如是说："曹雪芹是不寻常的，坎坷困顿而又光辉灿烂。他讨人喜欢，受人爱恭倾赏，也大遭世俗的误解诽谤、排挤不容。他有老庄的哲思，有屈原的《骚》愤，有司马迁的史才，有顾恺之的画艺和痴绝，有李义山、杜牧之风流才调，还有李龟年、黄幡绰的音乐、剧曲的天才功力……他一生兼有贵贱、荣辱、兴衰、离合、悲欢的人生阅历，又具备满族与汉族、江南与江北各种文化特色的融会综合之奇辉异彩。”

可见，周先生对曹雪芹的评价极高。那么曹雪芹与通州又有何关系呢？经考古证实，曹雪芹死后，被葬于古城通州。其墓位于张家湾城西萧太后运粮河北河畔的大扇儿地。“大扇儿地”是旧日张家湾地区一块面积 600 亩的私人耕地，此乃曹家典地，南邻萧太后河，西接大高力庄，荒草丛生，杂乱不堪。然而在这个荒芜的典地内，却分布着十余座清代墓地，曹雪芹墓即在此处。张家湾村第四大队平整曹家典地时发现一块曹石，即曹雪芹墓葬刻石，此石长 1 米，宽 0.4 米，厚 0.11 米，石正中刻有“曹公讳霑墓”五个大字，条石下角刻有“壬午”两个小字。在曹石出土的曹家大扇儿地西侧，后又发现一座大型王爷坟墓。

曹雪芹墓葬刻石

曹石乃出土文物，它的发现是历史的见证，这块曹氏条石揭示了曹雪芹下葬日期是乾隆壬午年除夕，其被葬于张家湾原曹家典地内，此石现珍藏于通州博物馆，以供红学爱好者研析考证。

古韵石刻

通州碑石物华天择，雕刻惟妙，形状各异，精美古雅，其中御制通州石道碑、御制重修马驹桥碑记，清乾隆、道光谕祭碑，通州创建更漏记碑、石权等较为引人注目。它们是通州的瑰宝，镶嵌在通州古城之中，唤起了人们对于通州古城的记忆和对大运河历史文化的热爱。

帝王御制碑

通州古城内的帝王御制碑刻以御制通州石道碑和御制重修马驹桥碑较为著名。这两通碑均为清代制立，此二碑地理位置一东南一西北，相互辉映，为古老的通州运河文化增加了一份厚重的底蕴。

御制通州石道碑，位于通州城西，京通快速路北侧，清雍正十一年（1733）立。此碑的形成与通州的一条古石道有关。通州古城位于京杭大运河北端，南北商贾云集通州，漕运而来的商货均需运至京城。年长日久，通州至京城的土路已不堪重负，雨雪天气泥泞难行，晴日时飞尘漫天，对于京通间货物运输极为不利。清雍正帝下旨敕修朝阳门至通州古城的石道，从朝阳门直通通州，

御制通州石道碑

方便了通州各仓储、码头的货物运输。

为了纪念敕筑通州石道之事，雍正皇帝特御制石碑。石碑面南，用艾叶青石制成，石高七米，龟趺螭首，形制精巨。碑侧高浮雕有升龙，碑阳浅浮处雕刻有群龙，皆精雕细琢，栩栩如生，极具观赏性。

碑额“御制”二字，铭文左侧汉字，右侧满文，碑上刻字遒劲流畅。全碑集圆雕、浮雕、线刻于一体，可谓佳作妙景。《日下旧闻考》中记录碑文如下：

自朝阳门至通州四十里，为国东门孔道，凡正供输将、匪颁诏糈，由通州达京师者，悉遵是路。潞河为万国朝宗之地，四海九州，岁致百货，千樯万艘，辐辏云集，商贾行旅梯山航海而至者，车毂织络，相望于道，盖仓庾之都会而水路之冲达也。虽平治之令以时举行，而轮蹄经涉，岁月滋久，地势渐洼。又时雨既降、积雪初融之后，停注泥淖，有一车之蹶需数十人之力以资牵挽者矣。朕心轸念，爰命所司，相度鸠工，起洼为高，建修石路，计长五千五百八十八丈有奇，宽二丈；两旁土道各宽一丈五尺，长亦如之。其由通州新城、旧城至各仓门及东西沿河两道，亦皆建修石路，共计长一千五十余丈，广一丈二尺及一丈五尺不等。费帑金三十四万三千四百八十四两有奇。经始于雍正七年八月至雍正八年五月告竣。

有司请为文以纪其事。尝稽《周礼·地官》："司徒令野修道，遂师巡其道修。"郑锷疏曰："道路以通往来之途，使宾至如归，亦修文德，以来远人之意。"《礼·月令》："季春之月，命司空循行国邑，周视原野，门通道路，毋有障塞。"典籍所垂，凡体国经野之政至备具也。朕临御以来，详求治理，早夜孜孜，惟恐不逮。近而郊圻，远而郡邑，即遐陬僻壤之区，其有关于利济民物者，莫不因地制宜，以次修举。是役也，远师古圣王之良法美意，而斟酌久远，一劳永逸，良用欣慰。庶使遵是路者，瞻周道之荡平正直，咸庆同轨之盛治焉。爰志其岁月而勒诸石云。

雍正十一年十二月初九日

如今，古石道无处可寻，仅留存御制通州石道碑，巍然立于通惠河畔。

御制重修马驹桥碑，立于凉水河石桥东侧，此碑高约7米，碑阳左侧刻有汉文，右侧镌刻满文。碑阴处刻有乾隆帝行草书五言古诗。碑上刻字垂直，刀法尚佳，但纹路较浅，大概由于日久而磨平。马驹桥位于通州区马驹桥镇，辽金时代为木桥，供帝妃去往漷阴县（今通州凉水河以南）的延芳淀渡河游猎之用，桥南是马驹里，故名马驹桥。明英宗时期，在此处改建石桥，赐名“弘仁”。清乾隆三十八年（1773），乾隆帝诏令重修此桥，并御笔记述凉水河源流以及建弘仁桥之事。此碑对于研究马驹桥的历史成因起到了十分重要的作用。

帝王谕祭碑

通州古城内帝王谕祭碑以清乾隆谕祭国柱碑、清道光谕祭文孚碑为代表。此两通碑原立于通州城小街村南，现置于梨园镇北杨洼村一小区内。碑东西向并排而列，碑的正面朝南向，碑体典雅美观。碑旁立有通州区文物保护单位标识。

清乾隆谕祭国柱碑，出土于今梨园镇，为乾隆三十三年（1768）立。此碑由汉白玉制成，螭首龟趺，碑首高130厘米，宽117厘米；趺长280厘米，高102厘米；平托基座，条石拼合。碑额内纵刻题额“圣旨曰”三字，文字满汉合璧，左边为小篆字体。

此碑所刻祭文为乾隆皇帝圣旨，首题：皇清谕祭病故原任云南楚姚镇总兵官国柱之灵曰。碑文如下：

> 鞠躬尽瘁，臣子之劳踪；赐恤报勤，国家之盛典。尔国柱性行纯良，才能称职，方冀遐龄，忽闻长逝，朕用悼焉。特须祭葬，以慰幽魂。呜呼！宏锡重垆，庶沐

匪躬之报；名垂信使，聿召不朽之荣。尔如有知，尚克歆享。乾隆三十三年四月二十日。

清道光谕祭文孚碑。文孚，字秋潭，博尔济吉特氏，满洲镶黄旗人，清朝大臣，清嘉庆年间，授内阁学士。死后，道光皇帝御书祭文，并于道光二十一年（1841）立碑以祭。

是碑亦于今梨园镇出土，汉白玉制，碑首高130厘米，宽120厘米，略宽于清乾隆谕祭国柱碑。碑两侧浮雕升龙，龙头仰天，龙身浮于海水江崖之上。趺长290厘米，高102厘米，卯处浮雕行龙，此龙腾飞于云间。条石底座，上雕花枝，典雅壮美。铭文如下：

朕惟勋隆戴斗耆臣，宣钧轴之猷，望杳骑箕硕辅，永旂常之誉。念成劳之未泯，绩著岩廊；宜宠恤之攸加，光施泉壤，载颁紫綍，用勒青珉。

尔晋赠太保衔致仕、原任大学士文孚，公忠佐治，清慎持躬，始备位于薇垣，早知制诰；旋储才于枢禁，已掌丝纶列职。鸿臣晋阶匦使，迁秩宗以掌礼，为工正以饬材。执严法于西曹，风清鸠署；跻崇班于南省，霜肃乌台。佐都统面分简旗营，练熊罴之锐气；官总兵而频专阃钳铖，矗雕鹗之雄姿。

朕御极临轩，任贤由旧，乃授尚书听履，晋锡宫衔。渐登宰执以执衡，入参机务。筦庶僚于内府，领环卫于中垣，历六曹以敷布鸿猷，理三库以剔除蠹弊。总编摩于史馆，丕焕文章；侍讲论于经筵，时承顾问。辉生翠羽，簪缨曾荷，夫光荣采贲，紫缰乐骑，盖增其焜耀。

属以王朝之硕彦，已逾七秩之高年。鉴其引退之情，允其归休之请，俾优游自适，解组身闲。每存问以随时加餐心祝，廪禄优沾于家食，蔆枝屡锡于上方。正期克享遐龄，何意骤闻遗疏！大星遽陨，朝露堪悲。旧德先彰，新恩载沛，家无私蓄，厚颁庀事之金；礼有殊施，特给陀罗之被。道宗藩而命，莫移銮辂以来临。酬庸赠太保之衔，聿昭竣望，宥过免铨曹之议，悉复镌阶。祀入贤良，庙食既隆。

夫桂奠赏延后嗣，国恩更及于兰孙。典楙易名，言微纪实。谥曰"文敬"，象厥生平。于戏！服官五十余年，抱皎皎素丝之亮节，弼予十有六载，怀番番黄发之嘉猷。爰濡麟管之毫，倍焕螭碑之色，俾贻奕祀罔替。钦承。道光二十二年三月十一日。

通州创建更漏记碑

此碑于2006年7月由辽金城垣博物馆元代遗址遗迹调查小组人员在通州区博物馆门前发现。

此碑为汉白玉制成。碑体已经残损不全，残存碑体高80厘米，宽80厘米，厚14厘米。碑阳正文以楷体书写。碑额上面记载着"更漏记"，碑首上题有"通州创建更漏记"字样。碑阴处亦镌刻文字，共计17行，此刻石年款已经磨损，字迹模糊，不易分辨。

碑文主要记载了通州当时地方官在城中鼓楼上修建更漏的事迹。古时夜间主要凭漏壶表示的时刻进行报更，所以漏壶又叫更漏。碑中所述关于当时制作更漏所用材料的文字十分特别。残碑阳面中提到的“至元丙子暮春十有九日置”，揭示了此碑应立于元代。钟鼓楼与铜壶滴漏在很大程度上是相互依存，缺一不可。由此，乃为通州在元代就有了钟鼓楼提供了一个有力的证据。

《通州创建更漏记》碑文拓片

石权

石权是我国古代的一种衡器，称重之用。通州古城张家湾盐厂处出土了一方体积较大的石权。此石权花岗岩雕刻，外观呈方形，古朴厚重，石权边长 47.5 厘米，纽高 10 厘米，石权正面中间刻有“昌岩殿”三个大字，使用日久，字已剥蚀不清，石权上浅沟累累。另外,此处还出土了两方较小的石权,一方为汉白玉制,外观亦是方形，此石权长 37 厘米，纽高 8 厘米；另一方为青白石制成,长方体,上方卧纽,平面呈银锭形状,正立面中部纵刻“德隆号”三字，以预示生意兴隆，此石权右上方外角处横刻“上口”二 字，其下纵向刻有“张家湾”三个字，字取楷书。由于年长日久，字形模糊漫漶。

明代，张家湾盐厂处为食盐漕运码头，沿运河泊至通州的食盐漕船停在张家湾盐厂，需要石权称重转给各处盐商。1901 年，京津铁路建成，漕运停止，石权也无从使用，成为历史文物。

会馆林立

古时，通州水运繁碌，南方富庶之地的军粮贡米皆沿古运河驳运至通州土坝和石坝码头，择日转运京城。为了处理漕运事务的便利之需，各省布政司纷纷在通州建立漕运会馆和漕运总局，于是通州城内出现了许多大大小小的会馆，其中以江西会馆（万寿宫）、山东会馆（三义庙）较为有名。

江西会馆（万寿宫）

通州的会馆中，以江西会馆（万寿宫）最为瞩目。通州古城曾有两处万寿宫，分别位于通州新华大街沟沿胡同西和北门外里河沿胡同。

新华大街沟沿胡同西的万寿宫，旧时称为“小天桥”，曾是卖艺、杂耍、娱乐的场所。南来北往的人们聚集在这里，此处熙熙攘攘，热闹非凡。江西漕运会馆（万寿宫）就建在此处。它实际上是一座许真君庙。江西的漕运人员，乘坐漕船抵达通州后，需要拜祭他们的地方水神许真君，以祷告漕运事项顺利并且与验粮官员交接漕运货物。因此，在通州建造一处常驻机构势在必行，于是江西漕运会馆（万寿宫）很快建成。

通州古城的另一座江西会馆建在通州北门外里河沿胡同。它以常驻通州的景德镇瓷器商人为主。因此，又被称为江西瓷器会馆。2005 年，在此处发现一块石匾，匾心上刻有字迹“万寿宫”，匾框上浮雕有赶珠龙，匾体厚重，典雅美观。这块遗存的石匾现存于通州区博物馆。

山东会馆（三义庙）

三义庙坐落于通州新城南关。它的建筑年代可追溯到明万历年间，后又于清雍正六年（1728）加以重修，之后成为通州的山东会馆（即山左会馆）。民国时此处曾是国民党二十九军驻地，中华人民共和国成立后成为粮食加工厂。

山东会馆（三义庙）总建筑面积218平方米。此庙布局为北向，一进院落，有侧门左右各一处。庙内正门一间，山门二歇山筒瓦，拱券无梁柱，前额砌砖制匾，侧券门硬山清水脊。正殿三间，正殿硬山筒瓦调大脊，大式做法，前廊与后廊均为五架梁，彻上明造，六抹斜式方格隔扇，四面有窗。门上匾额雕有阳文“古刹三义庙”五个大字。

三义庙内立碑两通，即《重修三义庙碑记》《三义庙创立义

三义庙山门（拍摄时间：20世纪30年代）

园碑记》。

《重修三义庙碑记》，碑文由湖北荆州府长阳县教谕弟子谭一豫撰写，楷书，共计 10 余行，每行 37 个字。此碑由沉积岩石制成，螭首方座，阴面无文。方额内楷书双勾“万古流芳”四个大字，碑身浮雕缠枝菊花。碑体右侧刻有捐资人姓名，下部落款为雍正六年岁次戊午季夏月。碑底座浮雕梅、菊、鹿等动植物，碑上所刻梅、菊馨香古雅，所刻鹿栩栩如生，美观雅致。

《三义庙创立义园碑记》，螭首方形，乃是青砂岩制成，额头阳面楷书“永垂不朽”，所刻字体浑厚有力。碑阳楷书铭文“三义庙创立义园并施棺木碑记”。铭文共计 6 行，每行计 54 个字，碑阴记义园及香火地的面积，共有文字 8 行，每行 56 个字，又刻有楷书“山左同立”四字。此碑汉白玉底座，上面雕刻灵芝、浮云等物。

其他会馆

通州古城内的其他会馆还有山西会馆、江苏漕运总局和分局、浙江漕运总局和分局、晋翼会馆、山西布行公所等。其中尚存有遗物的会馆有通州张家湾村的山西会馆遗存记碑两块、通州马驹桥三街的山西会馆遗存记碑一块、原通州教子胡同（今如意小区）的山西布行公所遗存记碑一块、原通州教子胡同（今如意小区）的晋翼会馆遗存记碑三块。

古代遗迹新发现

2007 至 2016 年间，通州新城内相继发掘了数处古代遗迹，它们有通州汉代路县故城遗址、大稿村明清墓葬、通州区梨园镇半壁店旧村明清墓葬、通州区次渠镇古代墓葬、通州运河核心区 5 号地考古发掘等等。

特别是汉代路县故城遗址的发现，对文献记载中的路县城址予以确认。正是这些新的古迹的发掘，对于研究通州古城政治、经济、历史、文化等方面起到了十分重要的作用。

汉代路县故城遗址

2016 年度全国十大考古新发现揭晓，通州汉代路县故城遗址入选。通州战汉时期考古区域位于通州城东南部。为了配合北京城市副中心建设，北京市文物研究所于 2016 年对通州区潞城镇的胡各庄村、后北营村、古城村等地区展开了考古勘探与发掘工作。

此次考古有一个非常重要的发现。考古人员在对副中心办公区西北约 2 公里处进行勘探时，发现了汉代城址——路县故城。考古人员进一步对路县故城进行了考古勘查，选择重点部位抽样进行考古勘探。经过初步考古勘查，发现城墙基址、城内遗存、护城河和城外遗存四部分。其中，城墙基址近似方形，保存较完好，东墙基址长约 589 米，南墙基址长约 575 米，西墙基址长约 555 米，北墙基址长约 606 米。四面城墙基址基本可以闭合，古城址总面积约 35 万平方米。

另外，城内又发现了一处明清时期的路面遗存和一处南北向的辽金时期的路面遗存。在南城墙墙基外侧发现有护城河故道遗存，河道走向平行于城墙基址，宽度约 30 至 50 米。

此次考古勘探又发掘战国至清代墓葬 1 092 座、汉唐窑址 69 座、灰坑 8 座、水井 10 眼、道路 3 条。亦出土各类陶器、瓷器、釉陶器、铜器、铁器、铅器、料器、皮革器等文物 10 000 余件（套）。此次出土的西汉墓葬中，有雕花砖，形似房屋装饰。雕花纹样很多，包括回形纹、四神纹等六七种不同的纹路，这种多类纹样同时出现比较稀见。此外，还出土了布币，这是一种南方人使用居多的货币，在北京这样的燕文化所在地发现了布币，证明是由南方人带至通州的，体现了南方文化与通州古城文化的交融与共。

此次考古发现，为了解通州2000年来自然环境的变迁、人地关系提供了证据。大量文物的发掘为探索北京东部通州地区战汉以来的政治、经济发展状况、人口居住和分布、社会文化面貌以及丧葬习俗等提供了佐证。

大稿村明清墓葬发掘

此墓葬位于通州区梨园镇西部大稿村，发掘区位于通州半壁店大街25号建安特工程公司院内，东邻半壁店大街，南为辛庄。为配合通州区中佰龙住宅区工程，2007年7月，北京市文物研究所对工程占地进行了考古勘探，并于2007年11月19日至26日对勘探发现的明清墓葬进行了发掘。本次发掘共发现墓葬8座，明代墓葬2座，清代墓葬6座。发掘出土的古器物有铜饰、包金银簪、包金银押发、包金银荷花瓣等。

半壁店旧村明清墓葬发掘

该墓葬位于北京市通州区东中部，梨园镇的西北部，东临怡乐中街，南临怡乐南街。为配合通州区梨园镇半壁店旧村用地开发建设，北京市文物研究所在通州区文物管理所协助下对其用地范围进行了考古勘探，发现了此处古代墓葬。并于 2009 年 7 月 10 日至 8 月 7 日，对通州区梨园镇半壁店旧村一级项目用地范围内发现的古代墓葬进行了抢救性考古发掘。本次发掘清理古墓葬 52 座，其中明代砖室明堂 2 座、墓葬 21 座，清代墓葬 29 座，均为长方形竖穴土圹墓。

次渠镇古代墓葬发掘

此考古区域位于通州区次渠镇。2012 年 7 月 1 日至 7 月 28 日，北京市文物研究所对此处进行了正式考古发掘，该发掘工作于 7 月 31 日完成，且通过了专家验收。此次发掘共计勘察了清代墓葬 15 座，均为竖穴土坑墓，出土的文物古器有陶器、瓷器、铜器、铁器等。此次考古发现对了解北京东南部地区及通州区元清时期的历史文化、葬制葬俗等有一定的文物研究价值。

运河核心区考古发掘

该考古区域位于北京市通州区西北部，北邻通燕高速，西邻新华北路，南邻通惠河。2012 年 12 月至 2013 年 6 月，北京市文物研究所先后三次对通州区运河核心区 5 号地二期项目地块占地范围内的古代遗存进行了发掘保护工作，完成发掘面积 4 750 平方米，发掘各类古代遗迹 89 处，其中墓葬 77 座、窑址 7 座、房址 4 座、灶址 1 座。

这次发掘的古代遗迹上至先秦下讫明清，历史年代跨度久远，出土的器物以陶器为主，器物类型多样。这些遗存和出土文物的发现为更好地了解该地区古代建筑形制和墓葬形制提供了线索，且为研究该地区不同时期的社会发展状况、风土民情、运河文化等提供了珍贵的实物资料。

通州非物质文化遗产

通州悠久的历史积淀留下了丰富多彩的历史遗存，伴随这些遗存的是诞生或流传于通州民间的那些艺术工艺，它们既是通州人民物质、行为、情感的记忆符号，又见证了通州历史的沧桑变化。

民间美术

通州骨雕

骨雕，又称为“骨刻”。

通州骨雕制作技艺，肇始于清代，传承至今已有百余年历史。

通州骨雕继承并发扬了博大精深的艺术传统，主要以牛骨为原料，包括设计、凿活、铲活、磨活、组装和染色等步骤，有的精雕细琢制成手镯、粉盒，有的染以彩色做成生动形象的果蔬、草虫、动物等，具有独特的“骨感”之美。

花丝镶嵌凤鸣钟，工艺精巧，外形栩栩如生

通州骨雕的第三代传承人陈道清是一位在运河边长大的艺术家，他以运河为题材创作了大量骨雕作品，形成了“运河情”系列。其作品《松树蛐蛐罐儿》在人文奥运——

第四届中国礼品暨旅游纪念品设计大赛中获得铜奖，他的三件作品被中国农业博物馆收藏，2013 年荣获北京民间艺术银奖。

由于骨雕制作技艺是个漫长而艰苦的学习过程，很多人无法坚持，正在面临失传的窘境。为了让古老的骨雕技艺得以延续，通州区政府建立了项目保护基金，把这项艺术列为重点保护项目之一，并制定了骨雕制作技艺传承发展的五年规划，建立了人才培养体系。

花丝镶嵌

花丝镶嵌，又叫细金工艺，是中国传统手工技艺，主要用于皇家饰品的制作。

明清以来，皇家和宫廷对豪华装饰、贵重首饰配饰的需求越来越多，花丝镶嵌工艺制作和相应的产品销售就渐渐在通州地区流行开来。仅通州城内就有天聚、瑞源、宝兴号等多家颇负盛名的首饰楼。这些首饰楼一般都是“前店后厂”，也就是前边销售后边有匠人制作。

1958 年 5 月 1 日，在通州大成街 3 号院内，“北京花丝镶嵌厂”成立，职工近千人，是当时全世界首饰行业规模最大的企业。花丝厂成立后，对制作工艺进行了大胆的改革，创制了人工煤气发生炉，取代了嘴吹煤油灯焊接的陈旧方式，各种自制机械也代替了部分手工操作。

先后开发出金镶宝石、翡翠戒指、项坠、耳钳等，也有热销且更贵重的各种 K 白金（铂金）镶宝石首饰等。

比如 20 世纪 50 年代经国家批准复制定陵出土的皇冠、凤冠，就是由北京花丝镶嵌厂艺人薄世友等主持制作的，工艺精度和仿真度获得了文物、考古专家的一致好评，这两件作品现藏于国家博物馆。

“面人汤”

汤氏面塑艺术，起源于通州。

通州的面塑技艺形成于清末，创始人叫汤子博，他对于面塑有着独到的技法，将民间面人由“签举式”改为“托板式”，进而创作出核桃面塑、浮雕面塑、悬塑面人和制钱面塑等多种形式；题材也拓展得极为广泛，有书卷人物、戏曲人物、仙佛人物等；造型典雅、简练、生动、夸张。正是凭借这些大量生动逼真的作品，汤氏一族确立了“面人汤”在面塑流派中的地位。

第二代传人汤夙国的作品继承发扬了“面人汤”艺术，使之

《韦陀》

《87神仙卷》（局部）

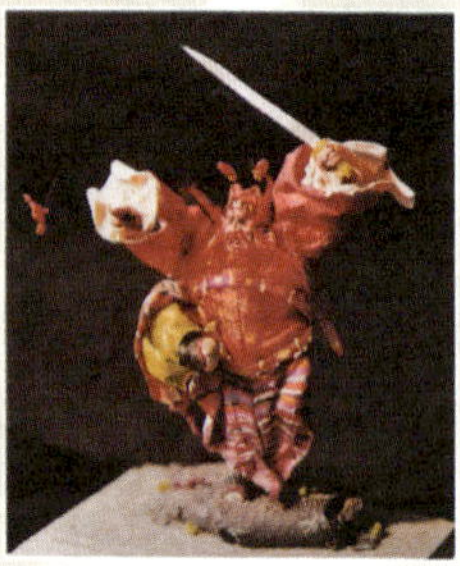

《钟馗》

汤子博面塑作品

发扬光大，实现了面塑从民间步入高雅艺术殿堂的跨越。1996年联合国教科文组织授予汤夙国先生“国际级民间美术大师”称号。

面塑的制作手法较多，如揉、延、展、搓、拨、挑、按、捏等。面塑艺术，经过百年以上的发展与传承，已成为民间鲜活的历史记忆。通州“面人汤”艺术既具有赋予人们美感的功能，又丰富了人们的精神文化生活，是运河文化孕育的艺术奇葩。

通州区政府成立了项目保护小组，不但加强“面人汤”面塑技艺的抢救与保护，而且挖掘整理“面人汤”的艺术成果，为树立通州地区的民族艺术品牌打下基础，同时还健全完善了“面人汤”艺术馆，以此作为青少年传统文化教育的平台。

武辛庄大风车

风车最早叫做“八卦风轮”，具有2000余年的历史。

通州大风车起源于通州东南部的西集镇武辛庄村，本是用竹篾、绵绸、帛纸扎制而成。武辛庄人梁俊，祖辈以制作传统风车、风筝为业，是第三代传人，制作风车已经近60年，遂有“风车大王”之誉。

梁俊做风车是用精挑细选的高粱秸作为风车骨架，劈竹条制作车轮，选土制作泥鼓，并饰以精选纸张、颜料制作而成的彩条，一系列大约四五十道工序。

梁俊制作的风车不仅工艺精湛，还对风车进行了全新的改革，赋予了它新的内涵。他在泥鼓的体积、锤鼓的声音上改进了很多。除此之外，他还将 10 个轮的风车从原来的 1.5 米高缩小到 45 厘米，这样他制作的风轮小的可放入掌心，大的犹如自行车车轮。“无风声不小，有风响不停。”这是梁俊制作的风车独有的特点。

梁俊如今年事已高，培养接班人的问题迫在眉睫。为此，通州区非物质文化遗产领导小组组织成立了项目保护组织机构，制定保护措施，并在镇域小学校内开设手工课，培养学生们的兴趣，为传承风车技艺奠定基础。

西集团花剪纸

剪纸是颇具中国民族特色的传统艺术种类之一。团花剪纸是中国剪纸历史最悠久、运用率最广泛的一种形式。新疆古墓中曾经出土的南北朝时期的剪纸实物，就是团花造型。

通州地区的民间剪纸技艺始于清代，至今已有 200 余年的历史了。通州剪纸在通州境内分布广泛，其中尤以张家湾、永乐店、于家务、西集地区制作的剪纸为代表。通州剪纸的制作方法大体分为剪子剪、刻刀刻两种；其材料则是各类纸张，但以红纸居多；其表现方法有单色、彩色、衬贴三种。通州剪纸的题材亦十分广泛，不仅有花鸟虫鱼、禽兽瓜果之类，还囊括了山水风景、民间故事、戏曲、传奇人物等。作品形式上既有玲珑精巧的窗花，又不乏宏图巨幅之作。如 2003 年通州区展出的最具规模的画卷《清明上河图》全长达 50 米，是由 40 块高 2.7 米的木板组合而成的，成为中国剪纸艺术之最。

团花剪纸用途广泛，年节的窗花、婚礼的喜花、贺礼的礼花、甚至现代舞台装饰中都有它的身影。地处通州东南的西集镇的王庄村，是通州鲜见的剪纸之村。经过一代一代地继承与发展，团花剪纸水平得到了提高。

当前的剪纸市场上，机器剪纸替代了纯手工剪纸，而且价格低廉，这对传统的手工剪纸形成了很大的冲击，让这些老手艺陷入困境，面临失传的危机。在通州区文化馆和镇政府的支持下，通州区建立了保护基金，将团花剪纸技艺挖掘整理并编制成册，同时开展剪纸技艺培训，鼓励年轻一代将这项古老的艺术发扬传承下去。

张家湾“毛猴”

“毛猴”之物源自北京，因其浑身披毛，又酷似猴子，故而得名“毛猴”。清同治年间，“南庆仁堂”药铺配药的伙计因遭到账房先生训斥，其在无聊地摆弄药材时，偶然发现蝉蜕的形象特点，便随手用中药材塑造了一个“账房先生”。就这样，世上的第一只毛猴诞生了。

“毛猴”最大的艺术魅力在于通过幽默活泼的肢体语言，惟妙惟肖地记录人生百态，演绎人生的喜、怒、哀、乐，真实地再现了富有北京特色的市井文化，并将猴子的天然情趣与艺术完美地结合在了一起。

通州毛猴最具代表性的就是张家湾毛猴。张凤霞是这一项目的非遗传承人。

张凤霞制作的毛猴作品，有老北京传统的五行八作，有展现新通州的街景，有为奥运会创作的运动题材，也有表现中国传统文化的二十四孝等，其作品风格独具魅力，虽然毛猴没有面部表情，却以其逼真的动态和造型，暗含让人忍俊不禁的幽默感。

为了推广这门独特的老北京技艺，这几年张凤霞已经做了近万只毛猴，但在制作的同时，她还形成了一套非常完善的教学方法，并根据节令、时令以及对方的特点随时调整其教学内容。她的目的只有一个，那就是将“毛猴”这项非物质文化遗产传承、发扬下去。

民间音乐

运河船工号子

号者，大呼也。号子是伴随着劳动并常带有呼号的曲子。

通州运河船工号子是运河船工为统一劳动步调、提高劳动效率、增加劳动兴趣而集体创作的一种地方民歌。

根据船号演唱者回忆，通州的船工号子成其规模化可追溯到

运沙船工图（西德尼·戴维·甘博摄影）

清朝道光年间。它一般是以家庭、师徒、互学的方式传承的。光绪末年，漕运废除，通州码头地位逐渐消失，但运河上的民间客货运输直到 1943 年运河因大旱断流时才停止。至此，与漕运共兴衰的号子也从大运河上消失。但是船工号子却有幸保留下来，流传至今。如今运河号子的唯一传人是通州永顺镇盐滩村 75 岁的赵庆福。

运河船工号子演唱形式除起锚号为齐唱外，均为一领众和。“水稳号儿不急，词儿带通州味儿，北调含南腔儿，闲号儿独一份儿。”这是运河船工号子的风格特点，更是运河船工号子区别于其他河号的独特之处。随着水运的衰败，运河船工号子早已失去了原有的功能，后来，一些船号用在了其他重体力劳动中。如今，打硪、搬运等体力劳动已被现代机械取而代之，与之相配合的号子也没了用武之地。运河船工号子后继乏人，使得这项悠久的地方号子的生命力正在逐渐萎缩。通州区政府制定了项目保护措施，举办培训班，培养年轻人学唱船号的兴趣，并组织各类文化活动，再现运粮船当年风貌，用号子表演的形式传承这项古老的民间技艺。

运河船工号子现已搜集整理出十种共二十二首，包括起锚号、揽头冲船号、摇橹号、出仓号、立桅号、跑篷号、闯滩号、拉纤号、绞关号、闲号等。

通州官夯号

夯号是劳动号子的一种，主要用于筑堤、盖屋、修路、打地基等集体劳动场合。

通州的夯号以马驹桥西后街村为代表。据村中老人讲，约在清朝嘉庆年间，西后街村的村民杨福喜在北京兴隆木厂专为皇家做土工工程，在强度很高的劳作中，杨福喜学会了土工打夯时齐唱的夯号，回家后便教给了村里的乡亲们。从此，做土工活的西后街人便唱起了夯号，夯号渐渐被人们认知，因其来源于官家工地里，所以习惯称呼它为“官夯号”。

通州的官夯号有别于其他地区土工夯号，一是皇家工程使用的号子，传承至今已经200余年了，因此可以说是皇家文化标志性符号之一。二是唱词文雅，且旋律性强，领唱与和者搭接、转调默契自如。如今西后街村流行下来的夯号尚有 30 段之多。

“官夯号”的演唱很有技巧，砸夯之际，需由一位土工老师傅领唱夯号（这位老师傅又被称作“送号的”），当这“送号的”唱上半句后，全体打夯的土工们便齐刷刷地接下半句（也叫“接号”），随着下半句的完整落幕，重夯也在地上砸出来一个巨坑。

随着科学技术的进步，夯、硪等基础性土工行业已经逐渐被淘汰，夯号失去了载体，接近消亡。早在 1987 年，通州按照北京市文艺集成办公室的要求，将西后街村遗留下来的夯号做了整理和录音录像。如今能唱夯号的不到 10 人，大都年事已高。如何有效传承这一传统的技艺，成为通州非物质文化遗产保护工作的重点内容之一。

民间舞蹈

通州运河畔的民舞

通州区漷县镇的张庄村位于北运河畔，村中有一种叫做“龙灯会”的民间舞蹈传承至今。

张庄村的“运河龙灯会”起源于何时已经无据可考，但据现在的“会头”谢文荣的口述，舞龙技艺传到他这一代已经是第四辈了。据此推算，张庄村的运河龙灯会或可追溯至清道光年间，距今至少有 180 余年的历史了。

每逢年节、祭祀、丰收、灾年之际，运河龙灯会都要“起会”（“走会”），目的就是营造气氛、鼓舞民心、祈福迎祥。龙灯会最初表演的道具是蓝色双龙。张庄村的龙头造型独特，即方形龙头和方口大张。张庄村老辈人介绍，这种造型更能显示龙的神态，还原呼风唤雨的龙王本性，这样的龙王才是保佑人民五谷丰登的神龙。

张庄村的运河龙灯会需由 9 名乐队成员弹奏，每条龙是由 9 名舞龙人和 1 名执珠人组成。在表演时，双龙在“龙珠珠”（外套红布且圆形可转动的道具）的引导下，每做一套动作后都要走一次固定的队形，然后再换另套表演动作。早年间的耍龙动作有 30 多套，遗留至今的尚有 13 套，如“龙翻身”“单挑龙把”“双挑龙把”“龙劈叉”“压龙尾”“钻龙尾”“甩龙尾”“串花篱笆”“钻黄瓜架”“龙双绞”“龙打挺儿”“龙盘窝”“龙过背”等。届时，双龙在龙珠珠的引导下翻飞腾跃，热闹非凡。如今，传承人谢文荣正在挖掘整理新的套路，如“龙盘柱”“龙戏水”等。

张庄村的运河龙灯会是自发的群众性文艺组织，具有浓郁的乡土气息和北运河的地域特色。因为是当地老百姓自己的一种艺术活动，植根于最基层，所以得到了广大人民群众的喜爱和呵护，也使得这项文化遗产作为运河文化和北京文化的重要组成部分，生生不息。

里二泗小车会

自元代建都北京，京城的衣食住行所需，多是由杭州等地经运河运抵通州，再由通州码头转运至皇城。随着通州漕运的兴起，一些作为码头的村庄也成为瞩目之地，张家湾镇的里二泗村就是其一。

直到20世纪末，里二泗每年都于农历正月十五、五月初一这两个节庆日举办庙会。小车会是里二泗庙会中颇具代表性的花会项目。

小车会又称太平车，可安排26人表演，外加鼓乐队5人。其表演方式独特，木质车架被布蒙住，布上画上车轮，车架套系在表演者的腰间，如女子坐车之状，旁有一老人装扮的演员推车。在鼓乐的伴奏下，二人配合默契，通过推车赶路、上山过桥等模拟的动作，载歌载舞，惟妙惟肖。另有账房先生、公子、媒婆等一干配角衬托，无论是艳丽的服装还是夸张的扮相都令人忍俊不禁，场面极为热闹。

近年来，在里二泗村党支部、村委会的支持下，村民们自发地参与小车会的活动。在传承人韩德成等人的领导下，成员们多年来一直坚持排练，并经常去外地进行表演。他们曾经参加过奥运圣火传递、奥运会开幕式和闭幕式、郊区县城的花会比赛等活动，享誉北京。

民间曲艺

郭村蹦蹦戏

通州区马驹桥镇南约 10 公里处有个叫做郭村的小村子，毗邻凤岗河。曾几何时，这个村子因其传唱的一种特殊戏曲而远近闻名。

清朝末年，郭村人多喜欢听戏，后以窦家、杨家、郭家人为主，吸收了社会上的一些零散艺人组建了一个剧团，还请来专人教唱河北梆子。1850 年，郭村的村民郭三、郭金旺兄弟二人因为在外地学得了“蹦蹦戏”的唱法，回到村中后便在村剧团里开始教唱这种戏曲。让他们没有想到的是，蹦蹦戏逐渐兴起，其名声渐渐超越了河北梆子。在方圆几十里的范围内，人们都喜欢蜂拥着赶到郭村亲眼目睹、亲耳聆听郭村人唱蹦蹦戏，遂成习惯。

蹦蹦戏是在“莲花落”的基础上发展而来的，因此又有“落子”的别称，但无论是其唱腔还是伴奏，都要比莲花落更加丰富和优美，且生、旦、净、末、丑每种角色都有。中华人民共和国成立后蹦蹦戏发展成了评戏。郭村剧团最初叫做“三顺和班”，后更名为“子弟会班”，中华人民共和国成立后又称为“新声评剧团”。

郭村戏剧团是半职业的艺术团体，农忙时演员们在家务农，农闲时便凑班在本村或受邀去各地巡回挂牌演出。因此，郭村蹦蹦戏唱遍了北京、天津，在通州、大兴、平谷、密云、安次、武清等地都留下了他们的足迹。

郭村蹦蹦戏世代传袭，剧目达 70 多个。直到现在，村子里还经常响起伴奏蹦蹦戏的锣鼓点儿，以及高亢悠扬的演唱。

单琴大鼓

单琴大鼓是北京市的传统民间艺术。唱腔曲调与乐亭大鼓近似，是由通州鼓书大师翟青山改革创新而来。

翟青山，通州马驹桥柴家务村人。他曾师从刘玉昆、李德全学习演唱“莲花落”，后来又学唱“京东大鼓”“五音大鼓”“乐亭大鼓”等多种曲艺唱腔以及大量的民歌、民谣等，这些曲艺让翟青山受益匪浅。1932 年，翟青山以落腔调为基调，改用扬琴伴奏，改扬琴 64 弦为 72 弦，以拓宽音域，满足鼓书演唱的需要。1933 年，翟青山将这个新的曲种定名为“单琴大鼓”。

单琴大鼓行腔有装饰音（“庴儿”），悲伤处有哭腔，一板三眼（四分之四拍），曲调悠扬婉转，曲目以长篇为主，小段为辅，内容上更是丰富多彩。

1934 年，单琴大鼓在天津仁昌电台试验播唱，获得极大成功。1935 年，百代国乐公司聘请翟青山灌制的首张唱片，让单琴大鼓传遍大江南北。听众盛赞翟青山是“单琴大王”“古书泰斗”。

翟青山一生共收徒 17 人，至今在世的仅有 86 岁高龄的沈长禄、年近 70 的翟青山的女儿翟书芬及 80 多岁的胡殿荣。翟青山曾经灌制的唱片，由于年代久远，已经残缺不全，除《蓝桥会》《丑姑娘出阁》《三世姻缘》等几个失真的小段之外，没有遗留下一个完整的段子，单琴大鼓这项古老的艺术遗产正在面临着失传的危险。

上述只是通州非物质文化遗产中的一部分，自 2005 年通州区启动非物质文化遗产保护工作以来，区域内现存的“通州单琴大鼓”“里二泗小车会”“西集团花剪纸”“张家湾毛猴”等 33 个项目确定为通州区级保护项目，将“通州运河船工号子”“通州运河龙灯会”“面人汤”“通州骨雕”“通州大风车”等 7 个项目申报成为北京市级保护项目，将“花丝镶嵌制作技艺”申报成为国家级保护项目。

运河之水不仅承载着南来北往的船只，而且也连接着运河畔的城市间的经济往来，大江南北的文化在通州地区交会、碰撞，形成深厚而独特的运河文化。特别是这些“动态”的非物质文化遗产，不仅具有浓郁的乡土气息和地域特色，而且是北京文化的一个重要组成部分，成为通州民间文化传统的鲜活记忆。

北京城市副中心：通州建设的新格局

通州的区位优势独特，地处北京东西发展轴和东部发展带的节点位置，是京滨（滨海新区）发展带上的重要节点，是北京参与环渤海区域合作的桥头堡。把通州建设成为北京的城市副中心，对于北京加强与京津冀地区融合，参与环渤海发展，构筑面向区域综合发展的城市空间结构具有重要推动作用。

建设中的通州新城

2017 年 9 月，国务院对《北京城市总体规划（2016 年—2035 年）》做出了正式批复。批复明确提出：高水平规划建设北京城市副中心。坚持世界眼光、国际标准、中国特色、高点定位，以创造历史、追求艺术的精神，以最先进的理念、最高的标准、最好的质量推进城市副中心规划建设，着力打造国际一流的和谐宜居之都示范区、新型城镇化示范区和京津冀区域协同发展示范区。突出水城共融、蓝绿交织、文化传承的城市特色，构建“一带、一轴、多组团”的城市空间结构。有序推进城市副中心规划建设，带动中心城区功能和人口疏解。

现将《北京城市总体规划（2016 年—2035 年）》第二章第三节《高水平规划建设北京城市副中心，示范带动非首都功能疏解》部分内容抄录如下：

第 29 条　功能定位与发展目标

北京城市副中心为北京新两翼中的一翼。应当坚持世界眼光、国际标准、中国特色、高点定位，以创造历史、追求艺术的精神，以最先进的理念、最高的标准、最好的质量推进北京城市副中心规划建设，着力打造国际一流的和谐宜居之都示范区、新型城镇化示范区和京津冀区域协同发展示范区。

紧紧围绕对接中心城区功能和人口疏解，发挥对疏解非首都功能的示范带动作用，促进行政功能与其他城市功能有机结合，以行政办公、商务服务、文化旅游为主导功能，形成配套完善的城市综合功能。

北京城市副中心规划范围约 155 平方公里，外围控制区即通州全区约 906 平方公里，进而辐射带动廊坊北三县地区协同发展。

到 2020 年北京城市副中心常住人口规模调控目标为 100 万人左右；到 2035 年常住人口规模调控目标为 130 万人以内，就业人口规模调控目标为 60 万～ 80 万人。通过有序推动市级党政机关和市属行政事业单位搬迁，带动中心城区其他相关功能和人口疏解，到 2035 年承接中心城区 40 万～ 50 万常住人口疏解。

到 2020 年北京城市副中心规划区主要基础设施建设框架基本形成，主要功能节点初具规模；到 2035 年初步建成国际一流的和谐宜居现代化城区。

第 30 条　构建“一带、一轴、多组团”的城市空间结构

遵循中华营城理念、北京建城传统、通州地域文脉，构建蓝绿交织、清新明亮、水城共融、多组团集约紧凑发展的生态城市布局，形成“一带、一轴、多组团”的空间结构。一带是以大运河为骨架，构建城市水绿空间格局，形成一条蓝绿交织的生态文明带，沿运河布置运河商务区、北京城市副中心交通枢纽地区、城市绿心 3 个功能节点。一轴是沿六环路形成创新发展轴，向外纵向联系北京东部地区和北京首都国际机场、北京新机场，对内串联宋庄文化创意产业集聚区、行政办公区、城市绿心、北京环球主题公园及度假区等 4 个功能节点。多组团是依托水网、绿网和路网形成 12 个民生共享组团，建设职住平衡、宜居宜业的城市社区。

第 31 条　突出水城共融、蓝绿交织、文化传承的城市特色

1. 建设水城共融的生态城市

顺应现状水系脉络，科学梳理、修复、利用流域水脉网络，建立区域外围分洪体系，形成上蓄、中疏、下排多级滞洪缓冲系统，涵养城市水源，将北运河、潮白河、温榆河等水系打造成景观带，亲水开敞空间 15 分钟步行可达。

2. 建设蓝绿交织的森林城市

构建大尺度绿色空间，促进城绿融合发展，形成“两带、一环、一心”的绿色空间结构。两带是位于北京城市副中心与中心城区、廊坊北三县地区东西两侧分别约一公里、三公里宽的生态绿带；一环是在北京城市副中心外围形成环城绿色休闲游憩环，长度约 56 公里；一心即城市绿心，约 11.2 平方公里，通过对原东方化工厂地区进行生态治理，建设公园绿地及若干公共文化设施，打造市民中心。规划建设 33 个公园。

3. 建设古今同辉的人文城市

深入挖掘、保护与传承以大运河为重点的历史文化资源，对路县故城（西汉）、通州古城（北齐）、张家湾古镇（明嘉靖）进行整体保护和利用，改造和恢复玉带河约 7.5 公里古河道及古码头等历史遗迹。通过恢复历史文脉肌理，置入新的城市功能，古为今用，提升北京城市副中心文化创新活力。

第 32 条　坚持用最先进的理念和国际一流的水准规划建设管理北京城市副中心

1. 高标准规划建设交通市政基础设施体系

构建以北京城市副中心为交通枢纽门户的对外综合交通体系，打造不同层级轨道为主、多种交通方式协调共存的复合型交通走廊。以北京城市副中心站客运枢纽为节点组织城际交通和城市交通转换。建设以公共交通为主导的北京城市副中心内部综合交通体系。加强北京城市副中心与中心城区、北京城市副中心与各新城之间的快速便捷联系，建设七横三纵的轨道交通线网，建设五横两纵的高速公路、快速路网络。

2. 着力建设一批精品力作，提升城市魅力

加强主要功能区块、主要景观、主要建筑物的设计，汇聚国内国际智慧，提高剧院、音乐厅、图书馆、博物馆、体育中心等重要公共设施设计水平。统筹考虑城市整体风貌、文化传承与保护，加强建筑设计系统引导，建设一批精品力作。

3. 坚持建管并举，努力使未来北京城市副中心成为没有“城市病”的城区

创新城市综合管理体制，推进城市管理综合执法。集成应用海绵城市、综合管廊、智慧城市等新技术新理念，实现城市功能良性发展和配套完善。建设空气清新、水清岸绿、生态环境友好的城区，高标准的公交都市，步行和自行车友好的城区，密度适宜、住有所居、职住平衡、宜居宜业的城区，建成环境整洁优美有序的全国文明城区。

通州大运河，水光波动，“千荷泄露”大桥，唯美壮观

第 33 条　实现北京城市副中心与廊坊北三县地区统筹发展

北京城市副中心承担着示范带动非首都功能疏解和推进区域协同发展的历史责任。北京城市副中心与廊坊北三县地区地域相接、互动性强，需要建立统筹协调机制，加强重点领域合作，做到统一规划、统一政策、统一管控，实现统筹融合发展。

共同划定生态控制线和城市开发边界，加强开发强度统一管控。形成一洲、两楔、多廊、多斑块的整体生态空间格局，依托潮白河、大运河流域建设大尺度生态绿洲。

发挥北京科技创新引领作用，支持廊坊北三县地区产业转型升级，发展高新产业。促进跨区域交通基础设施互联互通、市政基础设施共建共享。促进廊坊北三县地区公共服务配套，缩小区域差距。防止贴边大规模房地产开发。

参考书目

[1]（春秋）左丘明著，郭丹译.《左传》. 北京：中华书局，2014.

[2]（宋）司马光著,（元）胡三省音注.《资治通鉴》. 北京：中华书局，2011.

[3]（汉）司马迁著,（唐）司马贞索隐,（唐）张守节正义,（宋）裴骃集解,《史记》. 北京：中华书局，2014.

[4]（汉）班固著,（唐）颜师古注.《汉书》. 北京:中华书局，2000.

[5]（南朝宋）范晔著,（唐）李贤等注.《后汉书》. 北京：中华书局, 2012.

[6]（晋）陈寿著,（宋）裴松之注.《三国志》. 北京:中华书局，2000.

[7]（宋）薛居正等.《旧五代史》. 北京：中华书局，2000.

[8]（元）脱脱等.《金史》. 北京：中华书局，2000.

[9]（明）宋濂等.《元史》. 北京：中华书局，2000.

[10]（清）张廷玉.《明史》. 北京：中华书局，2000.

[11] 赵尔巽等.《清史稿》. 北京：中华书局，1998.

[12]（宋）宇文懋昭.《大金国志》. 北京：商务印书馆，1936.

[13]（北魏）郦道元著，陈桥驿校证.《水经注校证》. 北京：中华书局，2013.

[14]（清）蒋廷锡.《尚书地理今释》. 北京：商务印书馆，1936.

[15]（清）王士禛.《居易录》. 清康熙（1662 ~ 1722）刻本.

[16]（清）陆凤藻辑.《小知录》. 上海：上海古籍出版社，1991.

[17]（清）震钧.《天咫偶闻》. 北京：北京古籍出版社，1982.

[18]（清）孙承泽.《春明梦余录》. 北京：北京古籍出版社，1992.

[19]（清）于敏中等.《日下旧闻考》. 北京：北京古籍出版社，1983.

[20]（清）周家楣，（清）缪荃孙等.《（光绪）顺天府志》. 北京：北京古籍出版社，1987.

[21]（明）周之翰.《通粮厅志》. 台湾学生书局影印本，1970.

[22]（清）潘荣陛，（清）富察敦崇.《帝京岁时纪胜 · 燕京岁时记》. 北京：北京古籍出版社，1981.

[23]（清）励宗万，阙名.《京城古迹考·日下尊闻录》. 北京：古籍出版社，1981.

[24]（清）黄彭年.《畿辅通志》. 北京：商务印书馆，1934.

[25] 吴廷燮.《北京市志稿》. 北京：北京燕山出版社，1998.

[26] 曹子西主编.《北京通史》. 北京：北京燕山出版社，2012.

[27] 吴仲，段天顺等点校.《通惠河志》. 北京：中国书店出版社，1992.

[28]（明）杨行中著，刘宗永点校.《（嘉靖）通州志略》. 北京：中国书店出版社，2007.

[29]（清）吴存礼等.《（康熙）通州志》. 清康熙三十六年（1697）刻本.

[30]（清）黄成章.《（雍正）通州新志》. 清雍正二年（1724）刻本.

[31]（清）刘锡信.《潞城考古录》. 清乾隆四十三年（1778）刻本.

[32]（清）高天凤等.《（乾隆）通州志》. 清乾隆四十八年（1783）刻本.

[33]（清）管庭芬.《漷阴志略》. 首都图书馆，1960.

[34]（清）英良等.《（光绪）通州志》. 清光绪五年（1879）.

[35] 金士坚等.《通县志要》. 通县公署，民国三十年（1941）.

[36] 欧阳洪.《京杭运河工程史考》. 南京：江苏省航海学会，1988.

[37] 常征，于德源.《中国运河史》. 北京:北京燕山出版社，1989.

[38] 姚汉源.《京杭运河》. 北京：中国水利水电出版社，1998.

[39] 张彦博等.《京畿丛书・通州》. 北京：北京图书馆出版社，1999.

[40]通州区史志办公室《民国通县志稿》通州区史志办公室，2002.

[41] 孙自凯等.《通县志》. 北京：北京出版社，2003.

[42] 杜宏谋等.《古韵通州》. 北京：文物出版社，2004.

[43] 周良.《通州运河文化・通州漕运》. 北京：文化艺术出版社，2004.

[44] 王文续.《通州运河文化・通州民俗》. 北京：文化艺术出版社，2004.

[45] 杜德久等.《通州文物志》. 北京：文化艺术出版社，2006.

[46] 杜德久等.《通州文化志》. 北京：文化艺术出版社，2007.

[47] 杨兰英等.《百年沧桑：通州历史图片汇编 1860—1960》，学苑出版社，2010.

[48] 张振泉等.《通州民俗》. 北京：团结出版社，2012.

[49] 周良等.《漂来的北京》. 北京：中国书店出版社，2012.

[50] 北京市通州区文化委员会 .《浩瀚长河 ：通州上下两千年》. 北京 ：北京联合出版公司，2016.

[51] 通州区图书馆 .《流光旧影认通州 ：通州区图书馆藏老照片集》. 北京 ：光明日报出版社，2016.

[52] 于德源 .《北京漕运和仓场》. 北京 ：同心出版社，2016.

[53] 刘裕著，广成选注 .《通州诗钞》. 北京:北京齐天乐园，1992.

[54] 段天顺,李永善 .《水和北京:北京历代咏水诗歌选》. 北京 ：中国水利水电出版社，2006.

[55]姜师立,陈跃,文啸等 .《京杭大运河历史文化及发展》. 北京 ：电子工业出版社，2014.

后　记

京杭大运河是世界上里程最长、现存最古老的人工运河。作为大运河的北端城市，古老的通州见证了昔日大运河万舟骈集、漕运繁忙的景象，通州城内印记着千百年来大运河光波流动的美景。

新时代的通州城域，已成为首都副中心城市。在现代化城市的建设中，全力构建古城濒河美景，实现水城共融的运河观光带。每于晴日，驻立于层楼之巅，极目远观，大运河碧波涌动，波光粼粼，水绕城垣一侧，运河沿岸形成了一道靓丽的绿色生态景观。

2017 年 6 月 19 日，北京市委书记蔡奇同志在北京市第十二次党员代表大会上的报告中指出，要传承保护历史文脉，统筹长城文化带、大运河文化带、西山永定河文化带建设，精心保护好世界遗产，凸显北京历史文化的整体价值，强化“首都风范、古都风韵、时代风貌”的城市特色。并强调要充分挖掘文化内涵，全面保护、传承、利用好各类历史文化资源。

通州是大运河文化带的重要组成部分，挖掘其历史文化内涵是时代赋予我们的任务，《大运河与通州古城》就是我们对通州及运河文化的初步挖掘。

本书以专题叙述为主，辅以沿革概述，分为八个部分，其中运河故事和文物景观部分由首都图书馆张利执笔完成；古今通州和街巷村镇部分由首都图书馆郭炜执笔完成；商业字号和民俗方言由首都图书馆王琦执笔完成；通州非物质文化遗产和北京城市副中心部分由陈长春执笔完成。部分图片由首都图书馆张小野提供。

此书在编著过程中得到了北京市地方志编纂专家谭烈飞老师的悉心指导，在此表示感谢。

我们希望本书在挖掘弘扬通州运河文化过程中能略尽绵薄之力。鉴于编著者水平有限，文字难免有讹误纰漏之处，敬恳专家学者指正。

编　者

2018 年 3 月